Camus

« Comprendre/essai graphique », une collection dirigée par Luis de Miranda
Max Milo Éditions, Paris, 2013
www.maxmilo.com
ISBN : 978-2-315-00386-0

Jean-François Mattei
Aseyn

Camus

« LA VÉRITÉ DU MONDE »

Max Milo
COMPRENDRE/ESSAI GRAPHIQUE

Introduction
Le malentendu de la pensée

Camus aura été décidément **l'homme des malentendus**. Malentendu avec la critique littéraire qui le tenait pour un adepte de l'absurde alors que ce n'était qu'une étape dans son chemin de pensée. Malentendu avec le milieu universitaire qui jugeait sa philosophie avec dédain alors qu'il ne prétendait pas au titre de philosophe. Malentendu avec le monde parisien qui n'aimait pas en lui l'Algérien alors qu'il vouait un amour intense à son pays de naissance. Malentendu avec les Français d'Algérie, qui voyaient en lui un indépendantiste, alors qu'il croyait que l'Algérie ne pourrait se passer de la France. Malentendu avec les Arabes qui le rejetaient du côté du colonialisme alors qu'il dénonçait les injustices envers les indigènes. Malentendu avec les intellectuels de gauche qui le traitaient de réactionnaire alors qu'il était fidèle à ses engagements libertaires. Malentendu, enfin, avec les belles âmes qui lui

Camus

TOUTE TRAGÉDIE EST UNE TRAGÉDIE DE LA RECONNAISSANCE.

reprochaient de préférer sa mère à la justice alors qu'il condamnait l'injustice des terroristes qui pourrait tuer sa mère.

Mais le malentendu initial, et insurmontable, était celui avec cette figure maternelle. Pauvre, veuve, elle était sourde et presque muette. Cette femme de ménage illettrée était incapable de lire les livres de son fils. **C'est cette situation tragique que Camus transpose dans sa pièce *Le Malentendu*.** Une mère aubergiste, qui assassine les voyageurs pour les voler, tue son fils qu'elle n'a pas reconnu à son retour vingt ans après. **Toute tragédie est une tragédie de la reconnaissance**. Et Camus aura été celui qui n'était pas reconnu par les siens même lorsqu'il obtint le prix Nobel. Il en fut angoissé à un point tel qu'il envisagea de refuser le prix. Et toute son œuvre, qu'il jugeait à peine ébauchée, est marquée par un **inachèvement figé en destin** par sa mort accidentelle. Sans doute en avait-il conscience quand il écrivait du *Premier Homme* auquel il songeait depuis des années : « Le livre *doit* être inachevé. »

IL VOULAIT CONSTRUIRE UNE ŒUVRE QUI PASSERAIT PAR TROIS CYCLES : CELUI DE L'ABSURDE, CELUI DE LA RÉVOLTE, ET CELUI DE L'AMOUR. Devant l'étrangeté du monde dans lequel l'homme apparaît, le premier sentiment éprouvé est celui de l'absurde. *L'Étranger*, *La Peste* et *Le Mythe de Sisyphe* mettent ainsi en évidence l'absurdité de la condition humaine. Elle cherche à trouver un sens dans un monde qui en est dépourvu.

« LE LIVRE DOIT ÊTRE INACHEVÉ. »

Introduction

Quand l'homme pose la question de l'être, **le silence de Dieu fait écho au mutisme du monde**.

Le mouvement de révolte naît alors devant **l'injustice des hommes** qui renforce l'égarement de l'histoire. *L'Homme révolté*, les *Actuelles*, les *Chroniques algériennes* et les textes politiques de Camus contre tous les totalitarismes légitiment la spontanéité de la révolte. Elle ne se confond pas, ce que les marxistes lui reprocheront, avec la révolution, qui se termine toujours dans la terreur.

Le parcours de l'homme devait s'achever dans le cycle de l'amour. Comme pour le malentendu, Camus a transposé dans **l'amour du monde l'amour désespéré qu'il portait à sa mère**. Elle ne pourrait jamais le lui rendre, enfermée dans sa nuit, pas plus qu'il n'éprouverait l'amour de son père, mort à la guerre. Il ne connaîtra de lui qu'une tombe oubliée dans le cimetière de Saint-Brieuc. *Le Premier Homme* sera ainsi dédié à la recherche du père comme à la fidélité à la mère.

Pour dissiper les malentendus liés à la condition de l'homme, Camus a cherché une voie nouvelle. Elle échappe à la dialectique de Hegel et de Marx, comme à l'existentialisme de Sartre et de Merleau-Ponty, pour revenir à une pensée née sur les rives de la Méditerranée. Dans la lignée de Nietzsche et de Valéry, Camus parle alors de la « **Pensée de midi** ». Elle ne se voue pas à la connaissance, qui est un impératif de la raison, mais à la *reconnaissance*, qui est une exigence du cœur. La Pensée de midi est solaire et cherche son équilibre entre les pôles opposés de la vie. L'itinéraire de Camus se décline ainsi entre refus et consentement, entre oui et non, ou entre mesure et démesure. Seul ce **balancement constant** permet à l'homme d'échapper au nihilisme d'une existence sans Dieu pour s'inscrire dans la « vérité du monde ».

Introduction

« LA VÉRITÉ DU MONDE »

I
L'inquiétante étrangeté

Freud avait décelé dans l'« inquiétante étrangeté » du monde familier, *das Unheimliche*, le malaise qui affecte l'homme dans ses premières certitudes. Si Camus ne se réfère pas au psychanalyste viennois, il fait constamment état de cette étrangeté que chacun de nous ressent dans le monde auquel il appartient. Une phrase du *Mythe de Sisyphe* est décisive à cet égard : « **Dans un univers soudain privé d'illusions et de lumières, l'homme se sent un étranger.** » Cette étrangeté est plus proche de la déréliction pascalienne que de l'aliénation marxiste. Dès que l'homme se met à la recherche de lui-même, comme le demandait Socrate avec l'impératif du temple de Delphes, il ne découvre que ses propres labyrinthes.

Deleuze parlait de « personnage conceptuel » pour désigner le personnage fictif qui incarne les idées d'un philosophe au point de s'identifier à lui. Chez Camus, c'est plutôt

«DANS UN UNIVERS SOUDAIN PRIVÉ D'ILLUSIONS ET DE LUMIÈRES, L'HOMME SE SENT UN ÉTRANGER.»

le « **personnage mythique** » qui est son hétéronyme et que le lecteur découvre en Ulysse, Prométhée ou Sisyphe, avant de le retrouver chez Meursault dans *L'Étranger* et Clamence dans *La Chute*. **C'est avant tout Ulysse qui est le modèle de vie de Camus.** Son dernier ouvrage publié, *L'Exil et le Royaume*, rappelle explicitement le destin d'Ulysse qui, après vingt ans d'exil, va retrouver son royaume. Mais si le roi d'Ithaque pouvait revenir dans son île et recouvrer sa souveraineté, Camus ressent un exil irrémédiable puisque, selon sa remarque, « **il est privé des souvenirs d'une patrie perdue ou de l'espoir d'une terre promise** ».

De façon toute pascalienne, Camus éprouve le silence éternel de ces espaces infinis dans le désert vivant de Florence ou la ville morte de Djémila (*Noces*). **Cette étrangeté native du monde**, l'homme la retrouve en lui-même dès qu'il observe que sa pensée peut nier ce qu'elle affirme ou affirmer ce qu'elle nie sans jamais trouver d'assurance. Dans *Le Mythe de Sisyphe*, la sentence centrale du texte fait écho à la déclaration d'Ulysse qui dit au cyclope se nommer Outis, c'est-à-dire « Personne ». Et Camus de dire en écho dans ses *Carnets* (VII, juillet 1954) : « **Depuis toujours, quelqu'un en moi, de toutes ses forces, a essayé de n'être personne.** »

Dès que la pensée s'éveille au contact du monde et cherche un fil pour se guider dans ses labyrinthes, elle se heurte à ses propres murs sans jamais trouver de sortie. **Camus retrouve** ici un autre mythe, celui de la caverne de Platon**, qui fait naître l'homme au milieu des ombres et des simulacres. C'est ce que *Le Premier Homme* appelle la « **part obscure de l'être** » comme si chacun de nous, non content de vivre parmi les ombres, était lui-même tout tapissé d'ombres. Platon croyait qu'il y avait une issue à la caverne et que le prisonnier pouvait se libérer pour accéder au monde supérieur des Idées et des Formes. **Comme Nietzsche, Camus ne croit pas dans les arrière-mondes.** Fidèle à son inspiration méditerranéenne, il voue un culte à la crudité de la lumière, mais se sait condamné à la menace de l'ombre.

Dans une préface tardive à son ouvrage matriciel, *L'Envers et l'Endroit*, l'auteur tient la balance égale entre les deux pôles de son existence. « **Je fus placé à mi-distance de la misère et du soleil. La misère m'empêcha de croire que tout est bien sous le soleil et dans l'histoire ; le soleil m'apprit que l'histoire n'est pas tout.** » On reconnaît là le balancement constant de la pensée camusienne dont le rythme est donné par sa prose poétique. **Le monde nous enseigne que la lumière est balancée par l'ombre**, la vie par la mort, l'envers par l'endroit, de sorte que les oppositions tranchées s'équilibrent les unes les autres et laissent l'homme dans l'expectative. Comme chez Héraclite, pour qui le chemin qui monte et celui qui descend ne font qu'un, les contraires constituent le tissu intime d'un monde qui ne connaît aucune résolution supérieure.

Tous les récits de Camus, mettant en scène ces personnages mythiques qui sont les doubles de l'auteur, suivent donc la même trame. Celle de la recherche d'un sens qui n'aboutit qu'à une impasse finale. Le narrateur de *L'Étranger*, Meursault, apprend par un télégramme de l'asile que sa mère est décédée : « **Aujourd'hui, maman est morte. Ou peut-être hier, je ne sais pas.** » Il reste totalement étranger à la nouvelle et ne ressent aucune émotion. Le personnage mythique révèle ici en creux la personnalité de Camus. Il aimait sa mère d'un amour désespéré qu'elle ne pouvait lui rendre, sourde et demeurée, enfermée à jamais dans son silence. Et cette absence de reconnaissance a développé en lui ce **sentiment d'étrangeté qui ne le quitta jamais**. Meursault, l'homme sans prénom, et donc, pour un chrétien, l'homme sans identité, semble n'éprouver aucun sentiment pour sa mère, comme pour sa maîtresse ou ses amis. L'écriture blanche de Camus, imitée des romanciers américains, esquisse le portrait d'un personnage dépourvu d'intériorité.

Le sommet du récit sera la **scène du crime sur la plage d'Alger**. Le narrateur n'a aucune raison de suivre son ami Raymond qui cherche un Arabe pour se venger d'une offense. Meursault pense seulement à éviter le soleil brûlant qui tombe verticalement sur le sable. Mais quand la lumière brutale venue du ciel, la même lumière que celle de l'enterrement de sa mère, aura aveuglé Meursault,

ce personnage tissé de *Mer* et de *Soleil*, il tirera à cinq reprises sur cet Arabe inconnu sans raison apparente. **Il constatera seulement, sur un ton de vague regret, qu'il a détruit l'équilibre du jour.** On retrouve cette même indifférence à son sort quand Meursault est dans sa prison. Il a été condamné à mort, mais il n'éprouve aucun sentiment de peur ou de révolte. Il est enfermé dans une cellule, et il se parle à lui-même en découvrant son visage dans le reflet d'une gamelle de fer. Il ne livrera son émotion qu'à la fin du roman, lorsqu'il refusera l'aide de l'aumônier qui a pris en pitié son « cœur aveugle ». Il ne veut l'aide de personne, car il n'est lui-même « personne » : **il se contente de se confier avant de mourir**, et la formule de Camus est ici décisive, **à la « tendre indifférence du monde »**.

La même étrangeté entoure le narrateur de *La Chute*. Ce personnage conceptuel porte lui aussi un nom significatif : **Jean-Baptiste Clamence**, qui se réfère au prophète qui annonçait la venue de Jésus en prêchant dans le désert, ***vox clamans in deserto*** (Jean, I, 23). À la différence de Meursault, Clamence possède une vie intérieure qu'il prend plaisir à disséquer dans un monologue interminable. Cet avocat parisien réfugié à Amsterdam **clame** orgueilleusement sa foi en lui-même comme pour étouffer le cri qui l'obsède depuis des années. Alors qu'il traversait une nuit un pont de Paris, **il avait entendu le cri d'une femme tombée dans la Seine**, mais n'avait pas arrêté sa route. Il entend depuis

Camus

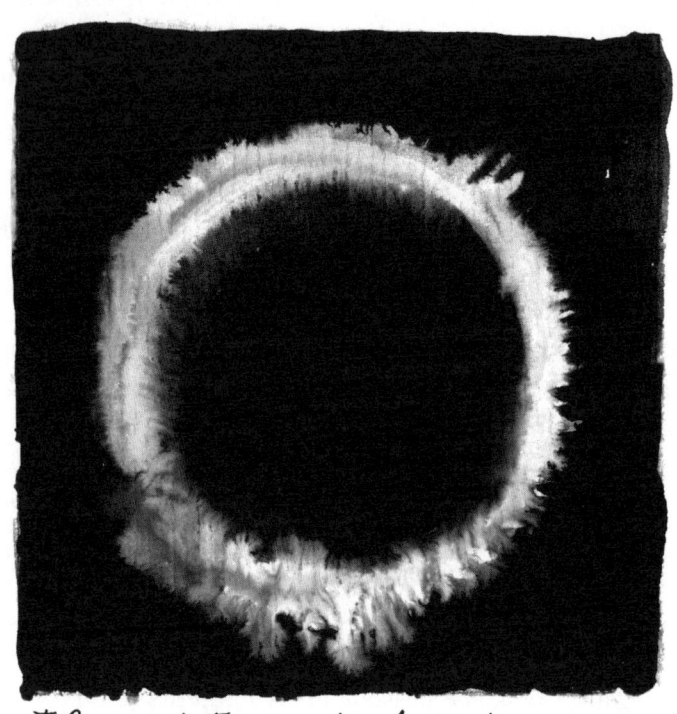

Il constatera simplement, sur un ton de vague regret, qu'il a détruit l'équilibre du jour.

une sorte de rire qui le poursuit et qui est comme l'écho du cri initial. Personne ne répondait à Jean le Baptiste dans le désert de Judée ; cette fois, dans le désert d'Amsterdam, **c'est Jean-Baptiste qui n'a pas répondu à l'appel d'une femme qui se noyait.**

La Chute est une œuvre plus significative encore de l'étrangeté de l'existence que *L'Étranger*. Les premiers titres prévus pour ce récit étaient **Le Jugement dernier**, puis **Le Cri.** On pense au tableau de Munch que le peintre norvégien peignit en souvenir, écrit-il dans son *Journal*, d'« **un cri infini qui passait à travers l'univers et qui déchirait la nature** », alors qu'il se promenait un soir. Ce fut aussi le cri de Jésus sur la Croix et son appel sans réponse à l'abandon de son Père. Le personnage de Camus, et sans doute Camus lui-même, est hanté par cet appel dans le silence de la nuit et par le jugement qui sanctionne la vie de tout homme. La tragédie de l'existence, que nul n'a voulue et à laquelle nul ne peut se dérober, serait-ce par le suicide, consiste dans le silence qui suit tout appel. Et pour Camus, comme pour Clamence, **l'appel est toujours un appel au sens dans un monde qui en est dépourvu**.

Amsterdam, où s'est réfugié Clamence en croyant échapper au cri comme Caïn s'enfermait dans la tombe pour échapper à l'œil de Dieu, est la représentation de l'Enfer. Le narrateur fait une référence précise à *La Divine Comédie* : « **Les canaux concentriques d'Amsterdam ressemblent aux cercles**

de l'Enfer. Ici, nous sommes dans le dernier cercle. » Clamence vit en effet dans son enfer qui n'est autre que l'enfermement en soi-même sans possibilité de s'en évader. Il subit chaque jour le poids de sa faute passée qui est d'autant plus obsédante qu'il ne peut pas revenir en arrière. La tache de sang de Lady Macbeth était ineffaçable ; le cri de la femme abandonnée sera de même inoubliable.

Mais *La Chute* n'est pas le seul procès de Clamence. Il est aussi celui des « juges pénitents », car c'est ainsi que se définit le narrateur. **Ces belles âmes qui, en se jugeant, battent leur coulpe sur la poitrine d'autrui**, sont les intellectuels progressistes de l'époque de Camus. Le récit a donc un enjeu politique et moral. Son auteur récuse d'un même mouvement les illusions de la gauche des *Temps modernes*, Jean-Paul Sartre et les existentialistes, et la posture morale que ces juges pénitents cherchent à imposer au monde en restant sourds à l'appel des victimes du communisme à l'époque de l'empire soviétique. **Clamence, qui est l'image de Sartre**, mais aussi, à certains égards, celle de Camus, se met en accusation pour mieux accuser les autres hommes de son impuissance. Les intellectuels de notre temps, qui ont pris la place qu'occupaient autrefois les théologiens et les philosophes, nesont pour Camus que de faux prophètes. À la différence de saint Jean-Baptiste, **ils ne clament la venue du salut de l'humanité que dans leur propre désert**.

L'inquiétante étrangeté

« UN PARTISAN ÉCLAIRÉ DE LA SERVITUDE »

Ce désert, qui est commun à tous les hommes, est celui de la servitude. Aux yeux de Camus, l'étrangeté de la condition humaine se manifeste en effet par une soumission consentie à la servitude. Étienne de La Boétie avait écrit le *Contr'Un*, qui était défini comme un « discours sur la servitude volontaire ». Camus discerne, sous le masque de justice des intellectuels qui se soumettent à la dictature communiste en refusant d'admettre l'existence des camps soviétiques, **une étrange adhésion à la servitude**. Le héros de *La Chute*, s'adressant à un interlocuteur imaginaire, se reconnaît de même comme un « **partisan éclairé de la servitude** ». Le mot *éclairé* est ici terrible, puisqu'il évoque les « Lumières » de la raison dont le progressisme s'est toujours réclamé. Et Camus de justifier sa critique en notant dans ses *Carnets* (VII, 1952) ce qu'il pense des intellectuels des *Temps modernes* : « **Quelque chose en eux, pour finir, aspire à la servitude.** »

D'où vient ce goût paradoxal pour la servitude, sinon ce choix du « bonheur dans l'esclavage », pour reprendre l'expression de Jean Paulhan dans sa présentation d'*Histoire d'O* ? De l'absence d'un maître véritable qui permettrait aux hommes de trouver leur juste voie. Pour Camus, la déréliction de l'homme tient à l'absence de Dieu qu'il a lui-même vécue comme l'absence de son père, mort à la guerre. *Le Premier Homme* **donne la clef de l'énigme**. Ce roman inachevé par la mort de l'auteur s'ouvre sur la « Recherche du père » qui restera à jamais absent.

Aussi dit-il de sa génération, dans ce même texte : « **Enfants sans Dieu ni père, les maîtres qu'on nous proposait nous faisaient horreur.** » Camus pense ici à Hegel, Marx ou Staline, le « Petit Père des peuples », devant lesquels le conformisme politique faisait sa génuflexion. Les Temps modernes, dont les principes éthiques et religieux ont été anéantis par les guerres mondiales et les camps de la mort, n'ont fait que renforcer l'étrangeté d'un monde qui en appelle au sens, mais qui en est dépourvu.

Nous sommes tous sans dieux ni pères dans l'impossibilité de conquérir une véritable maîtrise. La vision tragique de Camus vient de ce constat accablant : quand les maîtres ont disparu, vient le temps des tyrans qui ne donnent aux hommes qu'une seule assurance : celle de la servitude. On songe au mot de Lacan déclarant en 1968 aux étudiants de Vincennes : « **Ce à quoi vous aspirez comme révolutionnaires, c'est à un maître. Vous l'aurez !** »

II
Le double jeu de l'absurde

Camus a découvert l'absurde en découvrant le monde. Le terme latin *ab-surdus* signifie « discordant » et évoque une **rupture d'harmonie et une dissonance musicale**. Ce son désaccordé provient d'un monde qui semble obéir à un ordre rigoureux, mais qui est en réalité privé d'accords et d'unisson. Comme le dit la nouvelle « L'Énigme » dans *L'Été*, l'absurde n'est cependant qu'une « **position de départ** » dans l'itinéraire de Camus. Elle se poursuivra par le stade de la révolte et celui de l'amour. Si le monde est absurde, parce qu'il ne répond pas à l'attente de l'homme, il reste possible de l'harmoniser comme un compositeur résout une dissonance initiale par un accord parfait.

Il en résulte, et Camus avance ici un thème controversé, qu'« **il n'y a qu'un problème philosophique vraiment sérieux : c'est le suicide** ». Il pose en effet sur le plan concret de l'existence, et non sur celui de l'abstraction théorique, la question de l'être et du non-être. Seul un être qui *est* peut supprimer son *être*, montrant par son acte que l'être commande le néant et non le néant l'être. Mais alors, **de même que l'être et le néant forment un tissu indissociable, la vie et la mort constituent l'envers et l'endroit de l'existence**. Il est impossible de les séparer et de désirer l'être tout en refusant le non-être. Telle est l'absurdité du monde, mais en même temps son intelligibilité : toutes les oppositions qui viennent à l'être sont accompagnées de non-être. Et c'est ce lien, qui enchaîne la mort à la vie, que nous jugeons absurde parce que nous ne savons pas équilibrer les contraires.

L'ABSURDE SE DÉVELOPPE EN DEUX TEMPS. L'homme a en premier lieu le souci fondamental de l'*unité*, qu'il s'agisse de celle du monde, de la cité ou de sa vie. Camus a été fortement influencé par la théorie de Plotin sur l'Un qui gouverne toutes choses, la multiplicité des êtres n'étant qu'une apparence. Son diplôme d'études supérieures en philosophie était d'ailleurs consacré à la comparaison de la pensée de saint Augustin et de la métaphysique de Plotin. Et **ce thème majeur de l'unité, dans l'ordre ontologique, moral et politique, sera la dominante de la pensée camusienne**. Mais en second lieu, le monde ou Dieu ne peuvent satisfaire ce souci d'unité. Baudelaire disait déjà : « Qu'est-ce que la chute ? Si c'est l'unité devenue dualité, c'est Dieu qui a chuté » (*Mon cœur mis à nu*, aphorisme 162). Ce thème religieux de la chute obsède Camus, bien qu'il soit

Le double jeu de l'absurde

LA VIE ET LA MORT CONSTITUENT L'ENVERS ET L'ENDROIT DE L'EXISTENCE.

incroyant. Il ne s'agit pas d'une chute hors du paradis, mais d'une chute hors de l'unité, à la façon de Plotin. Dès lors, « **c'est à l'homme de se fabriquer une unité, soit en se détournant du monde, soit à l'intérieur du monde** » (*Carnets*, IV, 1942).

Le double jeu de l'absurde se reconnaît au fait que, d'une part, l'homme est en attente d'une unité morcelée par le multiple, et que, d'autre part, cette attente est déçue par l'absence d'unité, qu'elle soit due à la volonté de Dieu ou à l'indifférence du monde. On comprend alors la sentence décisive du *Mythe de Sisyphe* : « **L'absurde est ce divorce entre l'esprit qui désire et le monde qui déçoit, ma nostalgie d'unité, cet univers dispersé et la contradiction qui les enchaîne.** » L'ouvrage majeur à cet égard est, dès 1939, *Noces*, dont le titre révèle le fond de la pensée de Camus. Il désire de toutes ses forces s'unir au monde comme il désire de toutes ses forces s'unir à sa mère, et, plus généralement encore, s'unir aux hommes, comme le montre le jeu de mots qu'il fait dans sa nouvelle « Jonas ou l'Artiste au travail » (*L'Exil et le Royaume*), entre ***solitaire*** et ***solidaire*** qu'une seule voyelle sépare. Mais, au lieu que les noces avec le monde et les hommes soient célébrées, **c'est à un divorce avec les hommes et le monde que nous sommes conviés**.

Qu'est-ce alors que l'absurde ? C'est la **catégorie ontologique première de l'existence**, Heidegger parlait dans *Être et Temps* d'un « existential », qui n'est pas un caractère accidentel, mais une structure essentielle de la condition humaine. Les Grecs, au premier rang Platon et Plotin, nous ont légué l'idée de *cosmos*, c'est-à-dire d'**un monde ordonné par la raison dans le moindre de ses aspects**, de sorte que tous ses éléments, et au premier chef l'élément humain, sont consonants comme les accords d'une symphonie. Les stoïciens parlaient ainsi d'un **système de la Terre et du Ciel, des Hommes et des Dieux**, qui était régi par le *logos* universel. Les penseurs modernes, avec Leibniz, Hegel ou Marx, ont tenté de retrouver cette systématicité du monde à partir d'un principe unique, Dieu chez Leibniz, l'Esprit chez Hegel ou la Matière chez Marx, selon un **réseau rationnel et dialectique qui unifie les contradictions**. Mais, pour Camus, qui ne croit pas en un système, cette unité espérée par l'homme demeure une illusion. **L'homme et le monde seront toujours morcelés, et le divorce sera à jamais consommé entre eux**.

Pour évoquer l'absurde, Camus utilise deux métaphores. **Celle de la *visibilité* du monde et celle de son *silence***, faisant ainsi la part égale au regard et à l'écoute. L'absurde est d'abord cette **pesanteur de silence** que le monde nous renvoie en écho aux paroles que nous lui adressons. Camus a éprouvé affectivement l'angoisse d'un tel silence avec le mutisme de sa mère. Plus il s'adressait à elle, en premier lieu

Camus

L'ABSURDE EST D'ABORD CETTE PESANTEUR DE SILENCE.

dans ses écrits depuis *L'Envers et l'Endroit* où sa présence est constante, moins il entendait de réponse. La dédicace du *Premier Homme* à sa mère illettrée en témoigne : « **À toi qui ne pourras jamais lire ce livre** ». Le silence de la mère est la matrice du silence de l'univers. Mais l'absurde se trouve aussi dans cette **épaisseur de visibilité** que nous offre le monde. La mer, le soleil, les ciels et les montagnes, la grandeur et la beauté des paysages semblent nous adresser des signes que nous n'arrivons pas à déchiffrer en dépit des peintres et des poètes. Nos yeux sont remplis d'émotion devant la beauté des êtres, mais nous ne parvenons jamais à déceler ce que montrent et dissimulent ces apparences.

L'HOMME DOIT ALORS FAIRE UN CHOIX. Vivre en se soumettant, sans le comprendre, au jeu incessant des phénomènes qui n'apparaissent que pour bientôt disparaître. Ou vivre en essayant d'équilibrer ce qui est temporel par ce qui est éternel. Camus ne croit pas en Dieu, ni, comme disait Nietzsche, en un « arrière-monde » ; les hommes naissent, vivent et meurent dans ce monde-ci sans espoir de s'en évader. On ne sortira jamais de la caverne. Mais **on peut ressentir cette part d'éternel que nous portons en nous et qui est manifestée par la création artistique**. Quand le peintre ou le sculpteur achèvent leur œuvre, celle-ci est comme une suspension du temps dans sa trace d'éternité. Spinoza disait que « nous sentons et faisons l'épreuve que nous sommes éternels » (*Éthique*, V, XXIII). Cette **épreuve de l'éternité** est celle de l'art ou de la pensée qui s'arrache au passage incessant du temps pour tenter de le surmonter.

Camus ne rencontre pas Dieu dans cette éternité factice. Agnostique plutôt qu'athée, il reste sur le fil du rasoir de l'existence, entre l'être et le néant, l'envers et l'endroit des choses, en demandant au monde une réponse qu'il ne lui donnera pas. **Et la question est bien celle de Dieu**. Camus est fasciné, d'un point de vue ontologique et éthique, par le mot terrible d'Ivan Karamazov dans *Les Démons*, le roman de Dostoïevski qu'il a adapté au théâtre en 1959 sous le titre *Les Possédés*. Le personnage principal s'écrie que si Dieu n'existe pas, « **tout est permis** ». La conclusion du syllogisme implicite – Dieu interdit les actes mauvais ; or, Dieu n'existe pas ; donc tous les actes, y compris les actes mauvais, sont permis – est irréfutable. Mais alors, sur quelles bases juger que tel acte est mauvais, ou criminel, et de quel droit l'interdire et punir son auteur ? S'il n'y a plus de commandement universel pour ordonner le permis et le défendu, le bien et le mal, comment peut-on justifier une existence dans un monde passager où tout change et se modifie sans cesse ? **Où sont les Tables de la Loi qui disent le Juste, et qui se charge de les écrire ?**

Pour Ivan Karamazov, comme pour Camus, le constat que « tout est permis » conjoint l'absurdité du monde et le renoncement de l'homme. S'il sacrifie à cette fausse libération, il rompra les liens qui le relient au monde et aux hommes.

Le double jeu de l'absurde

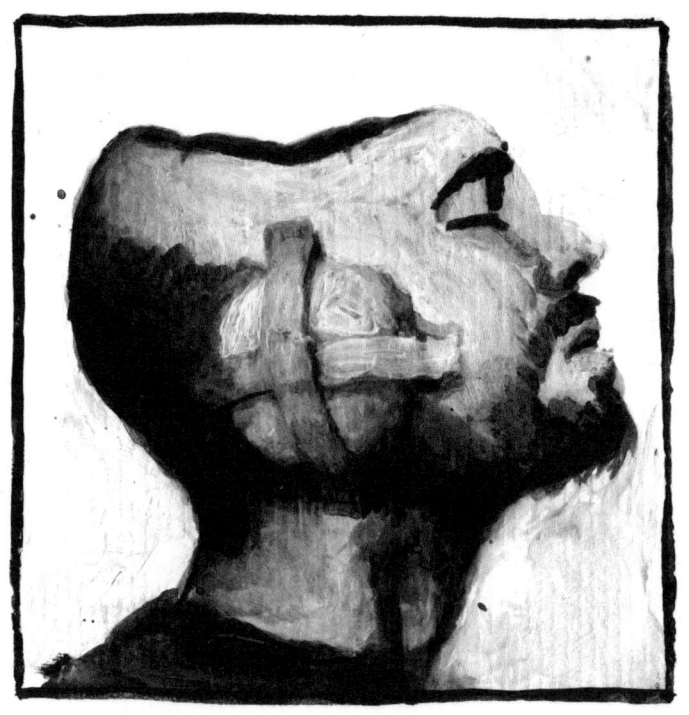

« LES HOMMES MEURENT ET NE SONT PAS HEUREUX. »

Et il mourra finalement dans le désespoir. C'est ce que laisse entendre la constatation amère de Caligula dans la pièce du même nom : « **Les hommes meurent et ils ne sont pas heureux.** » La démesure de l'empereur romain se reconnaît à son désir absurde de devenir un dieu et de connaître le bonheur des Immortels. Mais les dieux païens ne sont pas plus heureux que les hommes et sont indifférents à leur sort. Quant au dieu chrétien, il est mort en croix pour racheter les péchés des hommes et n'a pas connu le bonheur, mais l'abandon de son Père. L'absurdité de l'existence naît de ce conflit entre le désir de durer que l'homme découvre au fond de lui et la réalité de sa disparition prochaine dont il ne comprend pas la raison. Aussi Caligula peut-il avancer que « **les hommes pleurent parce que les choses ne sont pas ce qu'elles devraient être** ».

Et elles ne sont pas ce qu'elles devraient être parce que certaines choses sont insupportables, par leur cruauté et leur gratuité, comme si le mal avait le droit de venir à notre table et de nous ôter ce qui est notre bien. CE BIEN LE PLUS PRÉCIEUX EST LA VIE. Camus nous le montre dans un épisode célèbre de *La Peste*. Le Dr Rieux a tenté vainement de sauver un petit enfant frappé par l'épidémie qui dévaste Oran. **Mais l'enfant agonise dans un dernier cri de souffrance et laisse interdits le médecin comme le prêtre qui sont à son chevet.** Si nous devons aimer ce que nous ne pouvons comprendre, pour le prêtre, nous ne pouvons admettre la mort injuste d'un enfant pour le médecin. « **Ce mort-là, au moins, était innocent** », crie le Dr Rieux, révolté par une mort qu'il n'a pu éviter. **L'absurde est moins le scandale de la mort et de l'injustice que l'incompréhension de l'homme devant son impuissance à perpétrer la vie**.

Pour exprimer la dimension cosmique, et donc universelle, de l'absurde, Camus avait besoin d'un autre **personnage mythique**, et pas seulement d'un personnage conceptuel comme le Dr Rieux, Meursault ou Jean-Baptiste Clamence. Il fait appel à **Sisyphe, non pas un dieu mais un mortel**, le plus rusé d'entre eux, qui avait été condamné par Zeus à monter éternellement un rocher au sommet d'une montagne dans les Enfers. Tout en haut, le rocher dégringolait de la cime vers l'abîme et Sisyphe devait redescendre pour remonter une fois encore le rocher sans un instant de repos. **Sisyphe n'est pas le personnage mythique qui incarne la révolte ; c'est à Prométhée que revient cette fonction**. Il est au contraire le héros du consentement à l'existence. Quelle que soit la dureté de la vie, l'homme, précisément parce qu'il vit et qu'il n'a pas d'autre choix, doit vouloir coïncider avec ce que la vie lui donne, c'est-à-dire avec elle-même.

Le poids de l'existence est sans doute trop lourd pour être renouvelé tous les jours, à l'image du geste de Sisyphe. La sagesse nous commande pourtant d'accomplir sereinement notre tâche, que les dieux ou le monde nous ont assignée, et qu'il n'est pas possible, sans verser dans la démesure, de refuser. Le plus absurde serait en effet de demander au monde de n'être plus lui-même pour devenir autre, comme si la vie nous offrait cette possibilité. **_L'Envers et l'Endroit_ présente cette sentence implacable qui exprime le réalisme de Camus : « Changer la vie, oui, mais non le monde dont je faisais ma divinité. »** L'homme doit donc paradoxalement consentir à l'absurde, s'il veut ensuite se révolter contre une vie qui le prive de son humanité. Tel sera le deuxième cycle de l'itinéraire camusien qui part de l'absurde pour accéder à l'amour par l'intermédiaire de la révolte.

Le double jeu de l'absurde

« LE MONDE DONT JE FAISAIS MA DIVINITÉ. »

III
La justification de la révolte

Descartes avait fondé la connaissance sur la saisie intuitive de sa pensée : « Je pense, donc je suis », en mettant le monde en doute. Camus, qui fait une allusion explicite à l'auteur du *Discours de la méthode*, fonde la morale sur la saisie intuitive de sa révolte : « **Je me révolte, donc nous sommes** », en mettant l'histoire en doute. Car la révolte n'est pas un processus *mondain* qui s'attaquerait aux choses elles-mêmes ; c'est un processus *historique* qui s'élève contre les injustices humaines. La révolte camusienne va donc devenir aussi méthodique que le doute cartésien. Mais, à la différence de la démarche de Descartes, qui se trouvait isolé dans son retour sur soi : « **donc *je* suis** », l'itinéraire de Camus le conduit vers les autres hommes : « **donc *nous* sommes** ». La révolte est, d'emblée, une ouverture vers l'universel. On peut s'indigner seul, on ne se révolte qu'en compagnie des autres hommes.

Comme l'absurde, dont elle est issue, **la révolte possède une double nature**. Elle dit « non » aux actes d'injustice qui lui sont intolérables, mais elle dit « oui » aux gestes d'amour qui l'attachent aux hommes. Tout Camus tient à ce qu'il nomme le « **balancement** » entre l'affirmation et la négation ou entre le refus et le consentement. Déjà le suicide, qui illustrait l'absurde, était à la fois refus de la vie et consentement à la mort. **La révolte, qui procède de l'absurde, sera à la fois refus de l'injustice et consentement à l'humanité**. Cette dualité reflète celle de l'homme toujours partagé « entre oui et non », « entre l'envers et l'endroit », ou « entre mesure et démesure », pour reprendre le jeu constant de contrastes qu'utilise Camus. La révolte refuse donc l'injustice des hommes et le mutisme du monde tout en consentant à la **beauté des choses et à la vérité du bien**.

Camus peut alors distinguer radicalement la *révolte*, qui trouve au fond de son refus un consentement, de la *révolution*, qui nie tout consentement du fond de son refus. La première est affirmative, la seconde est nihiliste, et tout *L'Homme révolté* est fondé sur cette distinction. Aussi, Camus montrera que « **la révolte n'est pas à l'origine la négation totale de tout être** », comme en témoignent les violences de toutes les révolutions ; « **au contraire, elle dit en même temps oui et non** ». L'homme révolté, auquel Camus s'identifie dans son œuvre comme dans sa vie, s'il refuse la noirceur

La justification de la révolte

« JE ME RÉVOLTE, DONC NOUS SOMMES »

de l'histoire, accepte en même temps, « **dès son premier mouvement** » précise Camus, la dualité morale de l'homme et sa part de clarté qu'il s'agit de reconnaître, de protéger et d'aimer.

Il faut mettre face à face le monde et l'histoire. Si le monde n'a que faire de l'histoire des hommes, car il était là avant eux et il leur survivra, **l'histoire doit admettre la primauté du monde et consentir à son indifférence**. Aussi devons-nous accepter la mort que nous impose l'existence, puisque tout ce qui vient à être, les étoiles les plus gigantesques comme notre minuscule planète, est voué au néant. Mais si nous ne *pouvons* nous élever contre le monde, nous *devons* nous révolter contre l'histoire quand elle met en péril, avec l'existence de l'humanité, les principes de justice qui lui sont essentiels. **Là où la révolution, dans son ivresse de négation, trahit l'idéal humain de liberté en faisant le lit de la terreur, la révolte, en équilibrant le « non » par le « oui », le consentement au bien par le refus du mal, réussit à conjuguer le besoin d'ordre de l'homme à son exigence de liberté.**

La révolte n'est pas simplement une catégorie éthique qui ferait de Camus un moraliste traditionnel. On lui aura suffisamment reproché la « moraline », comme disait Nietzsche, qui imprégnerait son œuvre au point de faire de lui un philosophe pour classes terminales. **C'est une catégorie ontologique, comme l'absurde, qui exprime sur le mode affectif**

la confrontation de l'homme et du monde. Camus écrit, dans *Le Mythe de Sisyphe*, que la révolte met l'homme en face de « sa propre obscurité » dans son exigence, et nous trouvons là un nouveau contraste, d'une « impossible transparence ». Camus a travaillé sur saint Augustin, comme sur Rousseau et Nietzsche, et il n'ignore rien de l'effort de l'homme pour tenter d'éclairer ses propres abîmes. Mais les *Confessions*, si elles témoignent de la volonté de l'homme de parvenir à la transparence de lui-même, échouent toujours à révéler un être. Saint Paul affirmait que nous ne nous voyons que dans un « **miroir obscur** », alors que, en Dieu, nous nous verrons « **face à face** ». Camus ne croit pas en Dieu et pense donc que la transparence est impossible. **Il reste à utiliser la révolte comme le révélateur extérieur d'une dignité humaine impossible à sonder.**

En se révoltant, précisément parce que son mouvement de protestation est à la fois refus et consentement, **l'homme découvre en lui-même cette *limite éthique*, celle du Bien, que les hommes ne doivent pas transgresser.** Une anecdote de la vie du père de Camus en exprime tout le sel. Il se trouvait au Maroc pour son service militaire et avait vu une sentinelle française, lors d'un soulèvement d'indépendantistes, égorgée avec son sexe au fond de la gorge. À l'un de ses camarades qui, sans se révolter, constatait que c'était l'habitude des Marocains de mutiler leurs ennemis, car ils croyaient agir « en hommes », le père

Camus

« VOILÀ CE QU'EST UN HOMME, OU SINON... »

de Camus s'était écrié : « **Non, un homme, ça s'empêche. Voilà ce qu'est un homme, ou sinon…** » Un philosophe pour classes de terminale aurait proposé à ses lecteurs une analyse de l'impératif catégorique kantien pour justifier l'universalité de la loi morale. Le père de Camus, qui était un ouvrier agricole, avait protesté sur le fond d'une sagesse immémoriale : il y a des choses qu'un homme s'interdit de faire. **Il est inutile d'en appeler à Dieu ou à la Loi morale**. Il suffit d'écouter son cœur et de sentir ce que l'on devrait faire, et non consentir à ce que l'on a mal fait.

LA RÉVOLTE RÉVÈLE DONC, SERAIT-CE DANS UN MIROIR OBSCUR, L'HUMANITÉ DE L'HOMME. Camus prend le **personnage mythique de Prométhée pour symboliser ce qu'il appelle** « la révolte métaphysique ». Pour avoir désobéi à Zeus et avoir trop aimé les hommes auxquels il a apporté le feu, Prométhée est enchaîné à une colonne aux confins du Caucase. Un aigle vient éternellement ronger son foie qui repousse à mesure. Camus note justement que le **Titan révolté ne se dresse pas contre toute la création, mais contre le seul Zeus**, et qu'il a consenti en retour à son amour des hommes. Zeus d'ailleurs lui pardonnera et le libérera dans la suite du mythe. Pourtant, la souffrance éternelle de Prométhée se retrouve dans l'histoire humaine. « Depuis vingt siècles », écrit Camus, « **la somme totale du mal n'a pas diminué dans le monde** », et « **aucune parousie, ni divine ni révolutionnaire, ne s'est accomplie** ».

Qu'est-ce alors que l'homme soumis à toutes les formes d'injustice ? La deuxième *Lettre à un ami allemand* propose cette définition : « **Il est cette force qui finit toujours par balancer les tyrans et les dieux.** » Camus utilise ici, en reprenant implicitement l'image de Prométhée, une métaphore mythique pour attaquer un autre mythe, récent celui-ci et non religieux, celui du nazisme. Zeus s'était contenté d'imposer la torture à une seule victime ; Hitler imposera la souffrance à des pans entiers d'humanité. Les Allemands qui ont sombré dans l'*hubris* croyaient qu'il n'y avait aucune « raison supérieure » à l'homme, et que, en l'absence de Dieu, la race supérieure pouvait détruire les races inférieures. Mais s'il n'y a aucune transcendance, il ne s'ensuit pas que toutes les actions soient permises et équivalentes. **Les nazis n'ont pas cru « au sens de ce monde »** et en ont déduit que, dans l'histoire, « le bien et le mal » se ployaient en tout sens selon la force qui les animait. Ce nihilisme ontologique se détruira de lui-même et l'histoire dressera sa révolte contre ceux qui ont désespéré du monde et de l'humanité.

La révolte de Camus contre la souffrance et la mort a justifié son **refus radical de la peine de mort et de la bombe atomique**. Avec Arthur Koestler et Jean Bloch-Michel, il participa en 1957 à un ouvrage polémique, *Réflexions sur la peine capitale*. Le texte de Camus, au titre plus cinglant de *Réflexions sur la guillotine*, fut publié séparément et aurait dû servir de conclusion à *L'Homme révolté*. Camus choisit ensuite une fin plus optimiste avec ses analyses de la Pensée de midi qui ouvrent une voie « au-delà du nihilisme ». Il avait déjà mis en scène la guillotine à la fin de *L'Étranger* et de *La Chute* quand **Meursault et Clamence s'écrient avec provocation que, avec leur exécution, « tout sera consommé !** » Camus l'attaque maintenant de front en souvenir, une fois encore, de son père. Sa famille lui avait appris que ce père inconnu était partisan de la peine de mort. Révolté par un meurtre d'enfants, il avait voulu assister à l'exécution publique de l'assassin à Alger. **Quand il rentra chez lui, il ne dit pas un mot à sa femme et se mit brutalement à vomir**. C'est cette scène primitive, comme dirait la psychanalyse, qui marqua l'esprit de l'enfant à jamais et lui permit d'associer l'image du père inconnu à la mort.

La révolte contre le mal ne se confond pas avec ce que Nietzsche appelait l'« esprit de vengeance ». Et l'on ne peut répondre à la mort par la mort, comme si le ressentiment contre le criminel devait l'emporter sur celui envers l'humanité. La seconde guerre mondiale a multiplié les atrocités en Europe et dans le monde. La victoire du nazisme et des forces de l'axe Rome-Berlin-Tokyo menaçait de détruire des millions d'hommes et d'imposer aux survivants le « Reich de mille ans » annoncé par Hitler. **Mais le 6 août 1945, les États-Unis lancèrent une première bombe sur la**

« L'ESPRIT DE VENGEANCE »

ville d'Hiroshima pour mettre fin à la guerre. Elle mit effectivement fin à la vie de près de deux cent cinquante mille personnes dans la population civile. Trois jours plus tard, **une seconde bombe était larguée sur la ville de Nagasaki** qui tua soixante-quinze mille habitants et blessa mortellement le même nombre de civils.

En tant qu'éditorialiste du journal *Combat*, Camus publia dès le 8 août, entre les deux bombes donc, **une protestation contre ce crime qui anéantit des civils**. L'article commençait par ces mots : « Le monde est ce qu'il est, à savoir peu de chose. » Et l'auteur de manier l'ironie, la forme la plus raffinée de la révolte, en indiquant avec désinvolture que « n'importe quelle ville d'importance moyenne peut être totalement rasée par une bombe de la grosseur d'un ballon de football » ! Il en venait à condamner, non seulement la bombe, mais l'« indécence » de ceux qui célébraient le succès d'une opération militaire au service de la « plus formidable rage de destruction dont l'homme a fait preuve depuis des siècles ». **Récusant le droit de la « civilisation mécanique » à parvenir à « son dernier degré de sauvagerie »**, Camus fut le seul intellectuel de son époque à s'élever contre l'emploi de l'arme atomique contre des populations civiles. Devant les « perspectives terrifiantes » qui risquaient de mettre fin à l'humanité tout en détruisant la nature, Camus pariait pour une paix qui était le seul combat à justifier.

Mais, pour conquérir cette paix, qui permettrait à l'homme de choisir « entre l'enfer et la raison », **la seule voie à suivre est celle de la révolte**. Si l'homme ne peut à aucun moment se mesurer au monde, en dépit de sa science et de sa technique, il peut se mesurer à l'histoire et tenter, non pas de la changer, mais de lui donner un sens. En refusant à la fois l'injustice de l'histoire et le mutisme du monde, l'homme révolté, à l'image de Prométhée, consent à **la beauté de la terre et à la justice des hommes.**

La justification de la révolte

la seule voie à suivre ———

IV
La trahison de la révolution

Quand la révolte se radicalise en devenant révolution, elle se retourne contre elle-même et trahit ses propres idéaux de justice. Marx avait dit que ce sont les hommes qui font l'histoire, bien qu'ils ne sachent pas l'histoire qu'ils font. Et cette histoire, Marx en témoigne dans le *Manifeste du parti communiste* de 1848, est **celle de l'oppression de l'homme par l'homme**, c'est-à-dire de son *aliénation* constante. Il n'y a donc qu'un seul moyen de recouvrer l'*identité* naturelle de l'homme, pour autant que l'homme possède une identité première, comme le voulait Rousseau en y voyant la création de Dieu : c'est de rompre avec cette préhistoire de l'humanité afin de commencer une nouvelle histoire. **En clair, la révolution veut en terminer avec l'homme ancien, qu'il soit dominant ou dominé, pour en créer un nouveau**.

Mais comment le créer avec des hommes anciens même quand ils se réclament de la révolution ? Les révolutionnaires français, comme plus tard ceux de Russie ou d'autres encore, n'ont pas échappé à **ce piège d'une révolution qui dévore ses propres enfants**. Le Comité de salut public, avec Billaud-Varenne et Collot d'Herbois, instaura en 1793 une Terreur qui exécuta cent mille personnes, dont les instigateurs et les partisans de ces massacres. Hegel n'hésitera pas à dire, en pensant à la Révolution française, que la Liberté absolue égale la Terreur absolue. Aussi, Camus, qui se montre sévère pour ce déni de liberté qu'incarne la révolution, soulignera le paradoxe dans ses *Carnets* (V, 1945) : « **L'effort humain vers la liberté et sa contradiction *habituelle* : la discipline et la liberté meurent de ses propres mains.** » On comprend que les marxistes des années cinquante, comme leurs alliés progressistes, aient condamné cette condamnation de la révolution au profit de la révolte.

Camus pouvait alors affirmer, contre les illusions de la révolution qui veut recommencer l'histoire à zéro, que « **le monde finit toujours par vaincre l'histoire** » (*L'Été*, 1939). Tout se passe comme si c'était le monde qui était, par sa stabilité et sa sérénité, un exemple de mesure pour l'homme confronté à la démesure de l'histoire. Mais, en dernière instance, c'est bien le monde, dans lequel nous entrons par la porte de la naissance, qui établit en l'homme ce modèle d'un ordre éternel impossible à violer sans être puni par les dieux, ou par le monde lui-même qui apporte

La trahison de la révolution

« LE MONDE FINIT TOUJOURS PAR VAINCRE L'HISTOIRE »

la mort. La révolution est donc un défi lancé par l'histoire **comme si elle voulait elle aussi apporter la mort à ceux qui n'en acceptent pas les violences**. Camus cite, dans *L'Homme révolté*, deux déclarations révolutionnaires proprement *révoltantes*. Celle de Saint-Just qui approuvait la guillotine par son terrible « nul ne peut régner innocemment », et celle de Marat, plus cynique encore, qui disait des adversaires de la Révolution : « Marquez-les d'un fer chaud, coupez-leur les pouces, fendez-leur la langue. » On sait ce qu'il advint de Marat assassiné dans sa baignoire et de Saint-Just guillotiné à l'âge de vingt-six ans.

Comment penser alors le cours de l'histoire et le modèle politique qui seraient la juste mesure de l'humanité ? Camus nourrissait une grande méfiance vis-à-vis du pouvoir, comme il le montre dans ses pièces de théâtre, en particulier *Caligula* et *Les Justes*. Ce qui conduit tout pouvoir, serait-il dédié à la liberté comme la révolution, c'est **son exaspération qui, en cherchant à se dépasser, l'entraîne vers sa propre fin et, parfois, sa propre mort**. On pense à la sentence de Lord Acton, le grand penseur libéral anglais : « Le pouvoir tend à corrompre, le pouvoir absolu corrompt absolument. » Pour limiter le pouvoir, sinon l'abolir, Camus choisit l'autorité. Dans les notes préparatoires au *Premier Homme*, on trouve cette brève notation : « **L'autorité et non le pouvoir** ». Bien que Camus n'ait jamais traité explicitement de l'autorité, comme le fera Hannah Arendt en déplorant

La trahison de la révolution

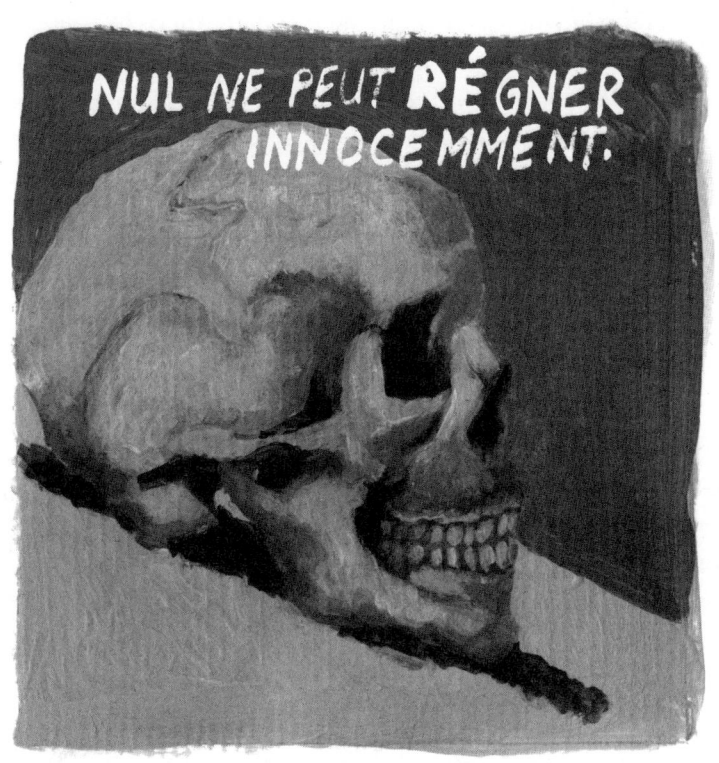

sa disparition dans le monde moderne, il fait de la recherche du Père le modèle de la recherche de l'Autorité. **Il n'y a finalement d'autorité véritable que paternelle** pour apprendre au fils à devenir un homme. Aussi la première partie du *Premier Homme* est-elle intitulée « Recherche du père ». Camus sent bien, de par l'absence d'un père dont il n'aura connu que la tombe, que tout homme recherche cette *auctoritas* qui permet à chacun d'*accroître*, en latin *augere*, ses possibilités d'existence. **L'autorité du père, qui lui a donné la naissance, se confond avec celle de l'autorité de l'instituteur, qui lui a donné la connaissance**.

Cette autorité, Camus récuse qu'elle soit celle de l'histoire. Son choix le tiendra à l'écart des mouvements progressistes de son temps, et, en premier lieu, des marxistes. On peut même dire que c'est **ce qui le distingue radicalement des Modernes et le situe du côté des Anciens : il ne croit pas dans les mouvements de l'histoire, toujours variables, mais dans la présence invariable du monde**. Et s'il ne croit pas en l'histoire, qui se prétend rationnelle depuis Hegel et Marx, c'est parce qu'il ne croit pas à l'empire de la raison. Il affirme sa différence avec ses contemporains dans un texte de *L'Été*, « Les Amandiers » : « **Je ne crois pas assez à la raison pour souscrire au progrès, ni croire à aucune philosophie de l'histoire.** » La question est tranchée. Alors que toute la tradition philosophique, au moins depuis Descartes, s'en remettait à un rationalisme érigé en système au point d'y voir avec les Lumières la justification de l'histoire, Camus récuse d'un même scepticisme la raison, le progrès et l'histoire. Comment croire à cette **nouvelle providence qu'est l'histoire de la raison** quand on voit, au XXᵉ siècle, les mêmes injustices et les mêmes horreurs se répéter avec l'aide de la science et de la technique. Alors que le monde tourne sur lui-même, immuable mais innocent, l'histoire avance, mouvante et toujours coupable.

Le refus du progrès, d'autant plus surprenant que la gauche, et pas seulement le marxisme alors dominant, se déclarait progressiste en s'opposant aux « réactionnaires » qui n'y souscrivaient pas, a été un trait constant de la pensée et de la sensibilité de Camus. Dans l'un de ses premiers textes sur « La culture indigène », rédigé pour la revue algéroise *Jeune Méditerranée* en avril 1937, Camus déclare qu'« il serait trop dangereux de manier ce jouet malfaisant qui s'appelle le progrès ». **Il s'était pourtant inscrit au parti communiste en 1935 et, pendant ces années de formation, il militait dans les milieux syndicaux du théâtre et du journalisme**. Mais s'il restera fidèle à ses engagements dans les syndicats dans une optique libertaire, il ne variera pas dans sa méfiance envers le progrès. Ce n'est pas seulement une illusion rassurante que l'histoire engendre, et que la réalité dénonce, c'est un **jouet malfaisant**. Un jouet, et le terme est bien choisi, parce qu'il concerne les adultes restés enfants, une puérilité donc ; malfaisant, et la condamnation est définitive, parce qu'il pervertit les bonnes intentions de ceux qui croyaient en la légitimité de la révolte. Mais il n'est pas nécessaire de croire au progrès pour se révolter ! La révolte devant l'injustice, dont témoigne au premier chef la tragédie qui hantera toujours Camus, se trouve chez Sophocle, Shakespeare ou Racine, en des époques qui ignoraient aussi bien le progrès que le progressisme.

On comprend alors les réticences et plus encore les **condamnations de toute révolution pour celui qui ne croyait qu'en la révolte**. Si celle-ci inscrit son impulsion dans l'affirmation de la justice, la révolution trahit son premier mouvement en obéissant à la négation de la réalité. **Camus a emprunté à Nietzsche le terme de *nihilisme* pour dénoncer cette fascination du néant** qui a souvent séduit les intellectuels, parfois les artistes, dans leur volonté d'annihiler tout ce qui est établi, les hommes comme les œuvres. On le voit dans son adaptation des *Démons* de Dostoïevski ou dans *Les Justes*, ces tragédies qui viennent frapper, conduites par la Némésis, les plus ardents révolutionnaires. Sartre n'hésitera pas, après la mort de Camus, à continuer de célébrer la révolution au point de déclarer dans le magazine *Actuel* en 1972 : « Les révolutionnaires de 1793 n'ont probablement pas assez tué. » **Comment Camus n'aurait-il pas été révolté par cette surenchère de guillotine ?**

La trahison de la révolution

Aussi se sépara-t-il peu à peu, mais définitivement, des milieux progressistes qui l'attaquèrent violemment lors de la parution de *L'Homme révolté*. **Les critiques des *Temps modernes*, menées par Francis Jeanson dans son article virulent de mai 1952, « Albert Camus ou l'âme révoltée », signèrent le divorce définitif de Camus avec ses anciens amis**. On connaît moins la réplique qu'il fit, en deux réponses, aux attaques d'Emmanuel d'Astier de la Vigerie, compagnon de route des communistes tout en étant issu de l'aristocratie. Camus lui rappellera sèchement que, dans leur grande majorité, **les « intellectuels communistes » n'avaient personnellement « aucune expérience de la condition prolétarienne »**. Alors que l'homme qu'ils attaquaient au nom de l'histoire, Astier le traitant même de « Ponce Pilate », était né dans un milieu misérable et avait réussi, par l'étude et par la volonté, et non par l'argent ou par la bourgeoisie, à s'en évader. Il faut même aller plus loin. Ce que Camus reprochait à la gauche de son temps, communistes, socialistes ou progressistes, **c'était de ne s'indigner contre leurs adversaires qu'à « heure fixe et à sens unique »**. Emmanuel Mounier, par exemple, pourtant un philosophe chrétien, créateur du personnalisme, n'avait pas hésité à s'élever contre ceux qui, comme Arthur Koestler, osaient critiquer l'« œuvre positive du parti communiste ». Et, pour en affaiblir l'horreur, il avait identifié sans plus de nuances les camps de concentration soviétique aux banlieues ouvrières de Paris (*Esprit*, février 1950).

Ce n'est pas Camus qui abandonna les positions morales universelles de la gauche ; c'est à ses yeux la gauche qui abandonnait ces positions morales dont relève l'humanité entière. Quand on demanda à Camus de prendre position sur la révolution hongroise d'octobre 1956, il remarqua que **beaucoup d'intellectuels de gauche, et pas seulement les communistes, ne condamnaient pas la terrible répression soviétique** qui se termina par la pendaison d'Imre Nagy. Il ne se contente pas de noter, avec ironie, que les révolutionnaires habituels sont devenus « hémiplégiques », il souligne également que « le conformisme aujourd'hui est à gauche » (« Le socialisme des potences », *Demain*, n° 63, 1957). **Camus resta ainsi, de ses premiers engagements politiques jusqu'à sa mort, en porte-à-faux avec la gauche qui était pourtant son milieu naturel**. Que ce soit sur l'URSS et les pays satellites, sur les camps soviétiques, sur Israël, et finalement sur l'Algérie, il récusera une « gauche schizophrène » qui ne mettait pas en pratique ses idéaux humanitaires pour mieux mettre en cause ses adversaires de droite.

Toujours fidèle à ce balancement entre le refus et le consentement, la négation et l'affirmation qui, en politique, prennent le visage de la gauche et de la droite, Camus rejetait **l'existence substantielle d'une gauche figée dans**

son progressisme comme d'une droite paralysée dans son conservatisme. Dans sa fameuse réponse aux *Temps modernes* de juin 1952, il refusait de ramener la « vérité d'une pensée » selon sa position à droite ou à gauche, et, moins encore, selon ce que les hommes de droite et ceux de gauche décident d'en faire en manipulant cette vérité. Et il n'hésitait pas à braver le conformisme des *Temps modernes*, la revue de Jean-Paul Sartre, en concluant : « **Si, enfin, la vérité me paraissait à droite, j'y serais.** » On songe au mot d'Aristote dans l'*Éthique à Nicomaque* (I, 4) : « Vérité et amitié nous sont chères l'une et l'autre, mais c'est pour nous un devoir sacré d'accorder la préférence à la vérité. »

La trahison de la révolution

« Si, enfin, la vérité me paraissait à droite, j'y serais »

V
Le drame de l'Algérie

L'Algérie fut un drame pour la France et les Français, après l'insurrection armée du FLN, le 1ᵉʳ novembre 1954, que l'on appela la « Toussaint rouge ». Car les Français de la métropole ignoraient tout d'un pays qu'ils croyaient être une colonie africaine habitée par des colons sans scrupules, alors qu'il s'agissait de **trois départements devenus français en 1858 avant l'annexion du comté de Nice et de la Savoie deux ans plus tard**. En dehors du peuple arabe et kabyle, l'Algérie était peuplée dans sa grande majorité d'Européens modestes de toutes origines, Alsaciens, Provençaux, Maltais, Espagnols, Corses, Italiens et Juifs, dont le revenu était très inférieur à celui des Français de métropole. Ces derniers n'avaient pas une grande sympathie pour leurs compatriotes du sud de la Méditerranée, qu'ils appelaient des « Algériens » avant de les qualifier de « pieds-noirs » et de se désolidariser d'eux lors des événements d'Algérie que les autorités de l'État se refusaient à appeler la « guerre d'Algérie ».

Camus

Le drame de l'Algérie

Pour Camus, cela fut plus qu'un drame, une tragédie personnelle. Il avait été l'un des premiers intellectuels, en Algérie comme en France, à **dévoiler la misère d'une partie du monde musulman, surtout en Kabylie**. Dès les années trente, il avait rédigé un « Manifeste des intellectuels d'Algérie » dans la revue *Jeune Méditerranée* (1937), après avoir enquêté dans le *bled*, alors qu'aucun intellectuel de la métropole ne s'intéressait à l'Algérie et moins encore aux Algériens. **Ses *Chroniques algériennes*, publiées régulièrement de 1939 à 1958**, manifestaient son souci de la justice et son soutien aux demandes des nationalistes arabes. Mais dès que la guerre s'amplifia et que les intellectuels de gauche, s'appuyant sur l'indifférence puis l'hostilité des métropolitains envers une guerre qui menaçait la vie de leurs enfants, prirent position en faveur de l'indépendance algérienne, Camus fut rejeté par son milieu. **On lui reprocha tellement, surtout chez les sartriens, Simone de Beauvoir en particulier, son attachement à son pays de naissance**, qu'il nota dans *Le Premier Homme* cette remarque décisive : « **Ce qu'ils n'aimaient pas en lui, c'était l'Algérien.** »

Le malentendu ne fut jamais levé, d'autant qu'il se trouva renforcé par un nouveau malentendu entre Camus et les Français d'Algérie qui l'accusaient d'être un « libéral » partisan de l'indépendance. **Étranger parmi les siens à Paris comme à Alger, Camus mit toutes ses forces**

de journaliste et d'écrivain à tenter de dissiper les doutes. Il fit alors appel à l'histoire, dont pourtant il se méfiait, pour rectifier la fausse image que les métropolitains se faisaient d'un monde qui leur était inconnu. Ce fut le projet du *Premier Homme* qui devait être, si la mort n'avait pas frappé l'auteur le 4 janvier 1960 dans un accident de voiture, le roman de la présence française en Algérie. Camus était autant attaché à la terre algérienne, où il était né, qu'à la culture française qui l'avait tiré de la misère. *Le Premier Homme*, ce roman posthume, avait pour but de convertir l'ensemble des « **valeurs françaises dans une conscience algérienne** ». Le récit met en effet en scène un homme, Jacques Cormery, qui est le double de Camus comme nous le verrons, et qui aurait été le « Premier Homme », celui qui, sur la base de la culture qu'il a reçue du passé, peut ouvrir en grand les portes de l'avenir et de la création **comme si toute l'humanité recommençait avec lui**.

Mais pour justifier ce nouveau commencement, qui aurait engendré en Algérie une culture originale sur le vieux fond méditerranéen, il fallait respecter tous les peuples qui vivaient sur la même terre, et en premier lieu les Arabes et les Kabyles. Quand Camus écrit en 1945, à la fin de la guerre où les esprits s'intéressent plus à la désolation de l'Europe qu'à la pauvreté en Algérie, « le peuple arabe existe » et ne se réduit pas à une « foule anonyme et misérable » (« Crise en Algérie », *Actuelles III*), **il est l'un des seuls écrivains**

Le drame de l'Algérie

à se sentir responsables du sort des Algériens et de leur culture qui n'est pas reconnu. Dès lors, et les propos de Camus seront sévères pour la France tout en lui laissant un espoir, la seule excuse de la « conquête coloniale » de 1830, sur laquelle on ne peut revenir, car, précisément, l'histoire a imposé son cours, serait d'aider « les peuples conquis à garder leur personnalité » (« Misère de la Kabylie », *Actuelles III*).

Il faut comprendre le dilemme de Camus. Il vouait une double fidélité à sa patrie de naissance, père et mère confondus dans un même amour, un amour impossible puisque le père était mort et la mère était diminuée, et à sa patrie d'éducation, c'est-à-dire la culture française et, à travers elle, la grande culture européenne. Il ne pouvait sacrifier ni l'un ni l'autre sans se sacrifier lui-même sur l'autel de l'idéologie. **Son père était un simple ouvrier agricole et sa mère une femme de ménage sourde et illettrée**. Nous sommes loin de l'image d'Épinal du colon exploiteur des Algériens. Si la colonisation avait commis des crimes envers les indigènes, et Camus le reconnaissait, on ne pouvait effacer d'un trait les bienfaits d'une culture qui balançait les méfaits de la colonie. L'équivoque est d'autant plus grande que **les mots français *culture* et *colonie* sont issus du même verbe latin *colere* qui a donné *cultura* et *colonia***, le soin donné à la *culture* d'une terre ou d'un homme, et à la *colonie* que le *cultivateur*, c'est-à-dire le *colon*, travaille pour en extraire les fruits.

Le drame de l'Algérie

« CETTE PATRIE N'EXISTE PAS »

Camus ne comptait pas sur le seul sentiment pour défendre l'attachement de l'Algérie à la France. Il avait de solides arguments dans l'histoire que certains indépendantistes algériens avaient d'ailleurs reconnus. Le leader nationaliste Ferhat Abbas, vice-président de l'UNEF en 1930, puis pharmacien, avait publié en 1943 un « Manifeste du peuple algérien » dans lequel il demandait un nouveau statut pour l'Algérie. Mais, avant de s'engager en 1955 dans les rangs du FLN, il avait écrit en 1936 dans *L'Entente* : « Je ne mourrai pas pour la patrie algérienne parce que cette patrie n'existe pas. J'ai interrogé les vivants et les morts, j'ai visité les cimetières : personne ne m'en a parlé. » Camus lui répond du tac au tac dans « Algérie 1958 » (*Actuelles III*) : « **Il n'y a jamais eu encore de nation algérienne. Les Juifs, les Turcs, les Grecs, les Italiens, les Berbères auraient autant de droit de réclamer la direction de cette nation virtuelle.** » Effectivement, depuis l'Antiquité, le Maghreb avait été soumis à un raz de marée de peuplements et de colonisations, des Phéniciens, des Juifs et des Romains aux Vandales, aux Arabes, qui imposeront leur langue et leur religion aux Berbères, aux Espagnols, et enfin aux Ottomans qui mettront un dey à la tête de la régence d'Alger jusqu'à la conquête des Français en 1830 qui donneront au pays le nom d'Algérie.

Il en résultait, aux yeux de Camus, que la présence française en Algérie, plus enracinée qu'au Maroc et en Tunisie – qui étaient des protectorats et non des départements – se justifiait par **la présence de plus d'un million d'Européens et par la culture française qui avait transformé le pays**. Dans une célèbre lettre à un militant algérien, Aziz Kessous, le 1er octobre 1955, Camus affirmait avec force que « le "fait français" ne peut être éliminé en Algérie » au point que « le rêve d'une disparition subite de la France est puéril ». En quoi il se trompait : puéril ou non, le rêve se transforma en 1962 en cauchemar lorsque près d'un million de pieds-noirs quittèrent avec précipitation leur foyer et leur terre pour se réfugier dans une France que la plupart d'entre eux ne connaissaient pas. Les communautés d'origine européenne, Alsaciens, Lorrains, Corses et Provençaux, Espagnols, Maltais, Grecs et Allemands, mais également les nombreux Juifs séfarades qui étaient établis en Algérie depuis l'époque romaine, vivaient depuis des générations sur les mêmes terres que les Berbères et les Arabes. Ils y avaient travaillé et transformé en grande partie le pays en lui apportant toutes les innovations techniques de l'Europe : les routes, les chemins de fer, l'électricité, l'industrie et surtout la mise en valeur des terres agricoles de la Mitidja avec l'assèchement des marécages. Camus craignait que ces acquis soient dissipés par l'indépendance et que la disparition de la France fasse de l'Algérie une « terre de ruines et de morts » (*Lettre à Aziz Kessous*).

Que proposait alors Camus ? En dépit de sa notoriété, il ne fut ni compris ni entendu par les indépendantistes algériens, par les progressistes parisiens du réseau Jeanson qui étaient les « porteurs de valises » du FLN, mais aussi par ses compatriotes européens qui, dans leur majorité, lui reprochèrent ses liens avec les indépendantistes. Camus, comme toujours, avait une position mesurée. **Il attendait des belligérants qu'ils s'accordent sur une Algérie nouvelle constituée de « peuples fédérés »**, reliée à la France par des liens juridiques, économiques et culturels, et non pas à un « empire d'Islam » qui plongerait les peuples arabes de la Méditerranée dans une « addition de misères et de souffrances » (« Chroniques algériennes », *Actuelles III*, 1958). Loin de soutenir, avec égoïsme, une présence française indifférente à la pauvreté des indigènes, Camus voulait accorder à toutes les populations les mêmes droits associés aux progrès de la modernité en les enracinant dans la continuité de la culture méditerranéenne. Aussi refuse-t-il, dans *Actuelles III*, son dernier livre paru avant sa mort, que l'Algérie perde sa composante européenne inscrite dans le pays depuis plus d'un siècle et se fonde dans un monde islamique qui prendrait la suite de l'Empire ottoman. **Ce n'est pas la France qui souffrirait de la perte de l'Algérie, qu'elle portait économiquement à bout de bras, mais l'Algérie elle-même qui risquait de s'enliser dans les guerres civiles et la pauvreté.**

Aussi Camus refusa-t-il jusqu'au bout, d'une part d'imputer à la France, puis à l'Europe, les méfaits d'un colonialisme qui avait été pratiqué par tous les peuples, et qui, en terre algérienne, avait apporté des bienfaits économiques, sociaux et culturels ; d'autre part de « battre sa coulpe », nous dirions aujourd'hui « faire pénitence », mais « battre sa coulpe sur la poitrine d'autrui », à l'image du Juge pénitent qu'est Clamence dans *La Chute*. De nouveau, la rupture décisive avec la gauche anticolonialiste qui en voulait à l'expansion de l'Europe depuis 1492 au point, précise Camus, toujours dans *Actuelles III*, de « **comprendre dans la même malédiction Christophe Colomb et Lyautey** ». On sait à quel point le maréchal Lyautey, premier résident général au Maroc en 1912, protégea la culture marocaine et en particulier les centres traditionnels des médinas tout en admirant la fierté et les convictions religieuses du peuple marocain. Camus ne pouvait admettre, par respect pour les hommes réels et pour leurs croyances, que **l'héritage humaniste de la France et de l'Europe soit nié d'un trait de plume, ou d'un éclat de bombe**, par des idéologues ou des terroristes qui, bien que se réclamant des combats de l'histoire, prétendaient se passer de ses leçons.

On le constate dans l'échange de lettres avec le poète Jean Sénac, un Algérois comme Camus. **Sénac était un fervent partisan du FLN qui critiquait la position mesurée de son ami dans le conflit algérien.**

Le drame de l'Algérie

Accusé d'hypocrisie, Camus répondit à Sénac qu'il n'avait pas varié dans sa défense de la justice. Il mettait en cause les attentats du FLN qui tuaient plus de musulmans que d'Européens en généralisant l'usage, non de la guerre contre les militaires, mais du terrorisme contre les civils. **Sénac était indifférent aux bombes des indépendantistes lancées dans les cafés ou dans les rues, tuant aveuglément des passants innocents, et soutenait, pour la défense des terroristes, que les Français étaient aussi criminels qu'eux**. Camus remarqua cependant une différence : du côté français, des hommes comme lui, ou Sénac, avaient défendu les indigènes et critiqué les excès du colonialisme. Mais du côté des indépendantistes algériens, personne ne condamnait les attentats terroristes ou les **massacres de musulmans comme celui du douar de Melouza le 29 mai 1957**. En une nuit, les trois cent quinze habitants d'un village furent tués au couteau, à la pioche et à la mitraillette, puis mutilés par le FLN. Camus conclut sa lettre en disant que, aujourd'hui comme hier, il condamnait absolument l'« assassinat de civils innocents ».

VI
Le don de l'amour

Le troisième et dernier cycle de l'œuvre camusienne devait être celui de l'amour. À peine ébauché avec *Le Premier Homme*, qui restera inachevé, il commande en réalité les deux premiers cycles de l'absurde et de la révolte. Camus l'avait placé sous le signe de Némésis. **La déesse grecque tire son nom du verbe *némein*, « partager », et du substantif *nomos*, la « loi ».** Elle est donc le principe cosmique qui distribue de façon équitable les sorts de chacun et qui compense les torts provenant d'un injuste partage. Camus utilise cette figure mythique pour illustrer, non seulement l'inéluctabilité de la justice, mais aussi la puissance de l'amour. Tout se passe comme si l'écrivain algérois identifiait la justice, non pas à la vengeance de la société, mais à l'amour de l'ordre du monde qui est, dès l'origine, incarné par la maternité.

C'est sa mère qui, dans l'étrangeté de son mutisme, évoque pour Camus l'éloignement de Némésis et l'amour qu'elle porte à la justice. La source unique de son œuvre entière, il l'a répété à plusieurs reprises, se trouve dans les cinq essais de son premier livre, *L'Envers et l'Endroit* : « L'ironie », « Entre oui et non », « La mort dans l'âme », « Amour de vivre » et « L'Envers et l'Endroit ». Tous tournent autour de la figure de la mère dont le silence n'a pas redonné au fils tout l'amour qu'il lui portait. Aussi Camus met-il au centre de sa recherche l'« **admirable silence d'une mère et l'effort d'un homme pour retrouver une justice ou un amour qui équilibre ce silence** » (préface tardive à *L'Envers et l'Endroit*, 1958, deux ans avant sa mort). La mère n'a pu apporter au fils un amour qui restait enfoui sous la défaillance de la parole ; il confiera alors au respect de l'écriture celui qu'il portait sans espoir à sa mère, et, à travers elle, au monde.

Le Premier Homme, celui qui s'interroge sur l'énigme de son origine, précisément parce qu'il sait, comme les autres hommes, qu'il est *venu au monde* d'un homme et d'une femme, part de la recherche du père pour parvenir à la découverte de la mère. Ces deux visages de la même origine sont tous deux absents pour Camus : **aussi se sent-il étranger aux autres hommes qui ont connu l'amour d'un père et d'une mère.** Il ne verra de son père que la tombe de Saint-Brieuc et n'écoutera de sa mère que son

Le don de l'amour

le premier Homme

quasi-silence. L'absurdité de son existence éclate à la mesure de son amour impossible. **Il avoue dans son roman que ce qu'il désirait plus que tout, c'était que « sa mère lût tout ce qui était sa vie et sa chair »** : mais, illettrée, elle était incapable de lire une ligne de son fils : qu'aurait-elle compris à l'intrigue du *Premier Homme* ? Et pourtant le livre, s'il s'ouvre sur la naissance d'Albert Camus pour partir aussitôt à la « Recherche du père », est dédié à sa mère, « toi qui ne pourras jamais lire ce livre ». Camus aura vécu dans sa chair et dans son âme l'impuissance absurde de ne pouvoir exprimer son amour pour celle qui lui avait donné la vie. **Il en vient alors à briser ce silence religieux par une prière mystique à la Mère qui prend une allure christique** : « Ô mère, pardonne ton fils d'avoir fui la nuit de ta vérité. »

Pour un chrétien, « Dieu est amour, et celui qui demeure dans l'amour demeure en Dieu, et Dieu demeure en lui » (Première Lettre de Jean, 4, 16). Camus n'est pas chrétien et place l'amour, non pas en Dieu, mais en Némésis. **Pourtant, la figure de la mère le ramène au christianisme, c'est-à-dire au Fils. Voilà pourquoi nous lisons cette phrase stupéfiante dans *Le Premier Homme* : « Sa mère *est* le Christ. »** Et s'il est vrai que le Fils s'identifie à la mère, alors Camus, sans aller jusqu'à signer ses lettres, comme le dernier Nietzsche, « le Crucifié », s'identifie bien au Christ. Un Christ qui dit à sa mère : « Pourquoi m'as-tu abandonné ? » comme Jésus à son Père. **Camus a toujours été fasciné par Pascal, et le sentiment de déréliction que Pascal découvre dans le malheur de l'homme sans Dieu ; mais à travers Pascal, c'est la figure de Jésus qui le fascine.** Jésus n'est pas Dieu pour lui, comme le prince Muichkine n'est pas le Christ pour Dostoïevski. Il reste que, à lire Dostoïevski et Camus, le lecteur comprend que les deux écrivains identifient, l'un son personnage, l'autre sa mère, à la passion du Christ. Camus l'incroyant n'hésitera pas à dire de sa mère, toujours dans le roman inachevé : « Que la croix la soutienne ! »

L'amour religieux pour sa mère justifia le choix politique, et polémique, de la justice que fit Camus dans l'affaire algérienne. C'est encore Némésis qui lui enseigna l'équité véritable en lançant son cri d'indignation contre le terrorisme. **Némésis est en effet en Grèce la figure de la justice violentée, et, par conséquent, de l'indignation divine qui rétablira l'ordre du monde.** Camus fut en effet invité, après la remise du prix Nobel de littérature, le 10 décembre 1957, à parler deux jours plus tard devant des étudiants de Stockholm. Une polémique l'opposa à un jeune Algérien qui lui reprocha vivement de ne pas signer de pétitions en faveur du FLN alors qu'il avait défendu les peuples d'Europe de l'Est sous le joug communiste. Camus rappela qu'il avait toujours condamné la terreur, d'où qu'elle vienne, et développa sa conception de la justice qui fut rappelée par un journaliste du *Monde* sous une forme condensée et incorrecte : « **Je crois à la justice, mais je défendrai ma mère avant la justice.** »

Dès le lendemain, et des années durant, la phrase fit scandale dans les milieux de gauche qui l'interprétèrent comme la préférence particulière pour un individu, serait-ce une mère, au détriment de l'universalité de la justice. Camus aurait dérogé à l'exigence de rationalité et révélé ainsi son soutien aux ultras de l'Algérie française en choisissant le parti du colonialisme. Simone de Beauvoir se montra particulièrement virulente et conclut sans autre forme de procès, dans *La Force des choses*, que **Camus se rangeait « du côté des pieds-noirs »**. La réalité était tout autre. La citation exacte de Camus, que l'on rétablit trop tard, était celle-ci : « **En ce moment, on lance des bombes dans les tramways d'Alger. Ma mère peut se trouver dans un de ces tramways. Si c'est cela, la justice, je préfère ma mère.** » Camus condamnait ainsi le terrorisme sur la population civile d'Algérie comme il avait condamné le lancement de la bombe atomique sur les populations civiles d'Hiroshima et de Nagasaki. Des crimes contre des personnes innocentes, déchiquetées par des bombes dissimulées dans des lieux publics, ne pouvaient être, quelle que soit la cause des meurtriers, un acte de justice. **La loi non écrite d'Antigone est toujours légitime et supérieure aux idéologies de la haine même si celles-ci prennent le masque de la loi de Créon.**

Si Némésis incarnait, aux yeux de Camus, la figure mythique de l'amour, c'est aussi dans la mesure où elle symbolisait le partage équitable de la justice qui donne à chacun sa part. Et cette part qui nous est attribuée condense en elle tout l'amour du monde. Dans sa quatrième *Lettre à un ami allemand*, Camus écrit qu'il a choisi la justice, et non la violence nazie, « pour rester fidèle à la terre ». **Si ce monde n'a pas de « sens supérieur », toute transcendance abolie, qu'elle soit religieuse ou métaphysique**, quelque chose en nous témoigne d'un amour pour le monde qui donne sa dignité à l'homme car il est le seul être à exiger du sens. Le malheur de l'Europe des années trente et quarante, celle du fascisme, du nazisme et des communismes, un malheur qu'elle n'ose s'avouer à elle-même, car tel est son « secret », c'est qu'« elle n'aime plus la vie » (*L'Homme révolté*). Si Camus a opposé la lumière méditerranéenne de l'Algérie à la nuit guerrière de l'Europe, c'est parce qu'il plaçait l'amour de la vie, et donc du monde, au-dessus du combat des idéologies.

Dans sa pièce *Les Justes*, il met en scène des terroristes russes qui cherchent à assassiner l'oncle du tsar Nicolas II. Le personnage principal, **Ivan Kaliayev, un poète socialiste qui doit jeter une bombe dans la calèche du grand-duc Serge, se détourne de l'attentat au moment où il aperçoit dans la voiture l'épouse de l'aristocrate et ses deux neveux**. Il renouvellera la tentative deux jours plus tard et tuera cette fois le grand-duc. Camus utilise cet épisode historique pour exposer le dilemme des révolutionnaires qui acceptent de tuer des innocents pour suivre leur propre justice. Car Ivan s'est vu attaqué, après le premier attentat manqué, par Stepan Fedorov qui refuse de se plier à l'« ignoble amour » au profit de la « bombe [qui] est révolutionnaire ». De nouveau, **on voit apparaître le conflit entre la révolte, qui lève son indignation sur le fond d'amour de la vie, et la révolution, qui fait éclater son ressentiment sur le fond d'une haine de l'amour**. C'est bien l'amour du monde qui est le moteur premier de l'homme, avant même qu'il prenne conscience de l'absurdité d'une vie contre laquelle il va se révolter. À Stepan qui lui déclare brutalement : « Un vrai révolutionnaire ne peut pas s'aimer », et à Dora qui ajoute que « ceux qui aiment vraiment la justice n'ont pas droit à l'amour », Ivan répondra simplement : « **Mais c'est cela l'amour, tout donner, tout sacrifier sans espoir de retour.** »

Si nous revenons à la source de l'œuvre camusienne, *L'Envers et l'Endroit*, nous trouvons deux textes complémentaires, le premier intitulé « La mort dans l'âme », et le second « Amour de vivre ». Dans la première nouvelle, on voit Camus se promener, à la manière de Rousseau dans les *Rêveries*, non pas à Paris ou à l'île Saint-Pierre, mais à Vicence et dans sa campagne, en Italie. Il découvre son émerveillement à mesure de ses rencontres d'un jour ou d'un soir. « **Chaque être rencontré, écrit-il, chaque odeur de cette rue, tout m'est prétexte pour aimer sans mesure.** » Dans la seconde nouvelle, qui oppose l'amour de vivre à la mort dans l'âme, l'auteur nous fait part de sa découverte de Palma de Majorque et d'Ibiza. Son amour de la vie est aiguisé par ce monde simple, « ironique et discret », dont les collines verdissent quand tombe le soir et que se lève la pure émotion d'exister. Le crépuscule chuchote sur un ton mélancolique. Et Camus de se confier à lui-même : « **Pour moi, j'avais envie d'aimer comme on a envie de pleurer.** » Le fils de Catherine Sintès n'avait jamais guéri de son enfance.

Et cette enfance, puis cette adolescence qu'il passa à Alger et Oran, laissèrent une trace indélébile d'amour et de justice dans sa vie d'homme. Sa plus belle déclaration d'amour, non plus à sa mère, mais à sa terre natale, nous la trouvons dans le célèbre « Retour à Tipasa » dans *L'Été* (1954). **Tout se joue pour Camus dans sa rencontre avec son premier amour aux premiers matins du monde.** Comme chez Proust, avec l'épisode de la madeleine qui lui redonne, instantanément, ce goût d'éternité qu'a le passé révolu, l'épisode des ruines de Tipasa, découvertes en 1939, avant la guerre donc, fait comprendre à Camus que sa vie résonnera toujours aux harmoniques du paysage algérien métissé avec les temples romains. Nous avons là, peut-être, la sentence décisive qui éclaire l'œuvre de Camus : « **Quand**

une fois on a eu la chance d'aimer fortement, la vie se passe à chercher de nouveau cette ardeur et cette lumière. » L'énigme de l'existence se trouve concentrée dans ce double paradoxe. Celui du contraste entre l'absurdité d'un monde dont la présence écrasante souligne la futilité d'un homme qui va bientôt disparaître. Et celui du bruit de l'histoire, qui est toujours l'histoire des guerres et des morts, qui interdit aux hommes de vivre et d'aimer dans le silence de la création. Camus en avait tiré la leçon dans « Noces à Tipasa » (*Noces*) : « **Je comprends ici ce qu'on appelle gloire : le droit d'aimer sans mesure. Il n'y a qu'un seul amour dans ce monde.** »

Le don de l'amour

« CETTE ARDEUR ET CETTE LUMIÈRE »

VII
Le silence de Dieu

La pensée de Camus, scandée par les cycles de l'absurde, de la révolte et de l'amour, obéit à une sphère supérieure qui les englobe tous les trois et qui est la sphère de l'existence. Cette sphère fait revenir, comme l'éternel retour de Nietzsche, les trois cycles sur eux-mêmes. L'amour, déjà présent dans la dénonciation de l'absurde pour la justifier, se retrouve de nouveau dans la permanence de l'absurde pour la surmonter. Quelle est la marque, et donc la réalité, du sentiment absurde ? La croyance indéracinable de l'homme dans la présence d'un sens au sein du désordre du monde, qu'il tente de reproduire dans l'histoire, et le constat tout aussi irréfutable qu'il n'y en a pas. **Cette absence, qui laisse attendre la venue d'une présence cachée, est celle de Dieu.** Toutes les religions font appel à un Dieu ou à des dieux pour orienter les actions des hommes et les juger, mais aucune, pour Camus, ne parvient à assurer les croyants, et plus encore les incroyants, de la réalité de cet être invisible. Pascal, qui a tant influencé Camus, parlait du ***deus absconditus***, du « **Dieu caché** », en s'appuyant sur le texte d'Isaïe dans la Bible (XLV, 15) : « Tu es vraiment le dieu qui se cache, le dieu d'Israël, le Sauveur. »

L'autre grand inspirateur de Camus, fut, je le disais plus haut, Dostoïevski. Et le romancier russe, dans la plupart de ses œuvres, met en scène des personnages qui souffrent jusqu'au suicide de l'absence de Dieu. Ainsi Kirilov, dans *Les Démons*, que Camus adapte au théâtre sous le titre *Les Possédés* et analyse dans *Le Mythe de Sisyphe*, affirme que si Dieu n'existe pas, il est lui-même Dieu. **Mais comme il s'est identifié à l'absence de Dieu, il doit se tuer pour être vraiment Dieu**. En termes métaphysiques, le syllogisme revient à soutenir que si l'être n'est pas, il n'y a que le néant. Mais comme le néant *est* l'être qu'il nie, il doit donc *se nier* pour être vraiment l'être. Camus conclut : « Cette logique est absurde, mais c'est ce qu'il faut. » **Pourquoi le faut-il ?** Parce que l'homme vit dans ce que Camus, dans le même texte du *Mythe de Sisyphe*, nomme l'« enfer du présent ». Nous trouvons ici la première mention des cercles de l'enfer qui seront évoqués dans *La Chute*. **Le présent est un *enfer* dans la mesure où, si Dieu n'existe pas et si l'homme est seul dans l'univers, nul ne peut donner un *sens* au temps qui déroule imperturbablement ses anneaux**. Le temps reproduit la vacuité du devenir, de la vieillesse et de la mort, sur lesquels l'homme ne peut rien. Même s'il se suicide pour éviter cet enfermement dans le cachot de l'existence, il ne fait qu'anticiper sa mort prochaine.

Nous ne sortirons donc jamais de la caverne platonicienne, sinon par le rêve ou l'illusion, et Socrate lui-même terminait l'exposé de son mythe par le retour du prisonnier dans la caverne pour y mourir. Kirilov est le masque de Camus quand il dit, dans la pièce : « **Toute ma vie, j'ai été tourmenté par Dieu.** » L'aveu est de Dostoïevski lui-même qui l'avait mis dans la bouche de son personnage. Mais on peut y voir également l'aveu de Camus : être tourmenté par Dieu, c'est être tourmenté par une absence qui signale, en creux, une présence possible dont on ne comprend pas la soustraction. On la comprend d'autant moins que, **en l'absence totale de Dieu, pour le croyant, ou en l'absence totale de l'être, pour le philosophe, rien n'a de sens**. Il n'y a pas de justice si un « maître suprême » (*Oberhaupt*), comme disait Kant, n'établit pas les normes universelles d'un règne des fins. Mais il n'y a pas de réalité si un être caché ne garantit pas la stabilité universelle des apparences. En l'absence de Dieu, tout serait-il permis, le mal et ses déclinaisons ? En l'absence de l'être, tout serait-il passager, l'apparence et ses illusions ?

Camus

L'existence avérée du mal dans le monde pose ainsi, non pas le problème de l'homme, mais la question de Dieu. **Comment le mal est-il possible ?** Telle est la source de toute réflexion éthique et, si j'ose dire, la « croix » des philosophes. Car de deux choses l'une : si Dieu n'existe pas, comment comprendre la présence du mal et l'incapacité des hommes à en triompher à moins de supposer que l'homme est naturellement mauvais. **Mais si Dieu existe, et l'idée de Dieu inclut d'emblée la bonté de l'homme qu'il a créé à son image, pourquoi permet-il l'existence du mal et pourquoi livre-t-il des enfants innocents à la souffrance ?** Je l'ai montré avec la mort du jeune malade, dans *La Peste*, qui révolte le Dr Rieux qui n'a rien pu faire par ses remèdes, pas plus que le père Paneloux par ses prières. Selon Jean Sarocchi, lorsque Camus rédigea *La Peste* à Oran, où il était hébergé par des amis, il ne vint pas à table un soir au point d'inquiéter la maîtresse de maison. Elle le trouva bouleversé dans sa chambre, l'écrivain répétant sans cesse à propos du petit malade de son roman : « **Je viens de faire mourir un enfant. J'ai tué un enfant et il criait pour mourir !** » Il demanda à son hôtesse de lui tenir la main une grande partie de la nuit et lui parla de la pauvreté qu'il avait connue dans son enfance. La jeune femme le garda ainsi jusqu'au matin où il s'assoupit enfin après lui avoir demandé : « **Peut-on être un saint sans Dieu ?** »

Le silence de Dieu

« IL CRIAIT POUR MOURIR »

Camus était-il alors un saint *laïque* et non un saint *religieux* ? Nous savons qu'il était agnostique et qu'il ne croyait pas plus en Dieu qu'en la divinité de Jésus. Que serait-il devenu si l'accident de voiture n'avait pas transformé sa vie et son œuvre en destin ? Certains interprètes ont supposé qu'il aurait pu avoir une conversion, aussi fulgurante sans doute que celle de Paul Claudel le 25 décembre 1886 à Notre-Dame de Paris. **Nous n'en savons rien et la nature de la conversion est, précisément, de n'être pas prévisible.** On peut cependant mettre en avant le souci éthique de Camus qui prend souvent une forme chrétienne dans son insistance sur l'amour qui est le stade suprême de l'existence. Or, c'est bien le christianisme qui a conçu un Dieu fait homme entièrement voué à l'amour au point que Jésus-Christ a donné sa vie par amour de l'humanité. C'est sans doute ce sacrifice que Camus, à la suite de Nietzsche, ne peut admettre rationnellement : comment comprendre, sinon par la foi d'une conversion, que Dieu se sacrifie pour sauver ses créatures à la façon dont un créancier se suiciderait pour aider ses débiteurs ?

La question du mal, cependant, reste entière. On le voit avec les *Lettres à un ami allemand* dans lesquelles Camus s'interroge sur les choix criminels du nazisme, en 1945, alors qu'il ne connaissait pas encore les camps d'extermination de la Shoah. Comme son « ami allemand », un terme chargé d'une ironie glaciale, Camus croit qu'il n'y a pas de « raison supérieure » à l'homme pour lui dicter ses actions et que le monde est vide de Dieu. **À l'image du libertin de Pascal, l'homme se retrouve seul dans un univers infini privé de sens**. Mais l'idéologie nazie en a tiré une conclusion perverse : s'il n'y a pas d'instance transcendante pour interdire certains actes, rien n'est supérieur à rien, ce qui revient à dire, écrit Camus, que « **tout est équivalent** » : le culte du *Fürher* et la mort des Juifs, la culture allemande de Goethe et celle de Goebbels, l'assassinat des prisonniers d'Auschwitz et la mort de Don Giovanni dans l'opéra de Mozart. Mais on ne saurait confondre le prestige d'Hitler avec la statue du Commandeur. « **Le Bien et le Mal, conclut Camu s, ne se définissent pas en fonction de la fantaisie ou de la folie de chacun.** »

Mais alors, si Camus ne croit ni en Dieu ni en l'Histoire, ni dans le Progrès ni dans la Révolution, tout en se montrant sceptique sur l'Indignation des « belles âmes », quelle est l'instance qui dit le bien et le mal et permet à l'homme, l'homme de chair et de sang et non l'être abstrait de l'Humanisme, de mener une vie juste ? La réponse se trouve dans son diplôme d'études supérieures de philosophie, soutenu à Alger en 1936, *Métaphysique chrétienne et néoplatonisme*. Le jeune homme étudie parallèlement la révélation religieuse de Dieu à saint Augustin et la conversion philosophique de Plotin à l'Un. Or Camus penche et penchera toujours du côté de Plotin. Pour le penseur d'Alexandrie, l'âme humaine était

« **désir de Dieu et nostalgie d'une patrie perdue** », **celle de l'« Un » ou du « Père »**, qui demeure toujours absent, quelle que soit notre *conversion*, ou *épistrophé*, vers Lui. Je rappelle une fois encore que Camus a été privé de père et que son absence habite en creux toute son œuvre, en particulier *Le Premier Homme*, celui qui n'a pas eu de père puisqu'il est le ***premier homme***, mais qui a un destin de paternité puisque l'homme doit engendrer un fils.

Avant Hannah Arendt, Camus pressent que la catégorie fondamentale de l'existence est celle de la *natalité*. C'est le mystère même de la vie et du monde : pourquoi y a-t-il de l'homme et non pas rien ? Et c'est dans l'énigme de la *naissance*, que Camus rapporte à la fois au père mort et à la mère absente, qu'il voit la source de l'action et sa justification. Quand il étudie la pensée de Plotin, il utilise pour la première fois la métaphore de « l'envers et l'endroit » des choses, qui donnera son titre à son premier livre dont il dit que c'est son ouvrage matriciel. La présence de la mère y est constante. **Camus retrouve chez Plotin la recherche de cet « envers des choses qui est son paradis perdu ». Ce sera le fil conducteur de sa vie et de son œuvre, de *L'Envers et l'Endroit* en 1937 à *L'Exil et le Royaume* en 1957**. Quand, en août 1947, Camus découvre la tombe de son père à Saint-Brieuc, il écrit que « la mort le ramène dans sa vraie patrie », comme si la mort du Père était en même temps la mort de Dieu, cette double mort étant nécessaire pour que Camus, comme Plotin, revienne dans sa « vraie patrie », qui est celle de la terre où il est né, « sous la lumière des premiers matins du monde ».

Camus reste plotinien, non pas en identifiant l'Un à Dieu, mais en identifiant l'Un à sa patrie, la terre natale, ce « paradis perdu » étant ce « lieu où le cœur trouvera son accord » (*Noces*). S'il a sans cesse la nostalgie de l'Algérie, en laquelle se fond la nostalgie du retour au père et à la mère, c'est parce que la nostalgie est l'appel du monde, dans son unité, à celui qui vient à être par la naissance. On comprend alors la première scène du *Premier Homme*. **Il s'agit d'une véritable nativité chrétienne sans christianisme**. Un vieil Arabe conduit une carriole où se trouvent un homme et une femme par une nuit d'automne, en 1913, en direction d'un village algérien. La femme est près d'accoucher et le véhicule s'arrête devant la petite maison de l'Arabe. L'homme, un Français, va chercher de l'aide et fait venir un médecin. Entre-temps, la patronne d'une cantine voisine est allée auprès de la parturiente et l'a aidée à accoucher d'un garçon. **Il sera nommé Jacques Cormery dans le roman et ce personnage est le double d'Albert Camus**. Le père sort de la pièce pour laisser le docteur couper le cordon et assister la mère ; il retrouve sous la pluie le vieil Arabe qui a prêté sa maison et lui dit que c'est un garçon. « Dieu soit loué. Tu es un chef », répond l'Arabe.

Ce chapitre initial de la première partie du roman, « Recherche du père », est bien l'imitation de la nativité de Jésus dans une *mangeoire* – Camus fait appel à la patronne d'une *cantine* pour l'accouchement de sa mère – devant des Arabes modestes qui rappellent par contraste les rois mages. Le père et la mère sont pauvres comme Joseph et Marie. Toutefois, l'enfant, Jacques Cormery, ne sera pas Dieu, mais en reprenant l'expression que Jésus utilisait pour se présenter aux siens, le « Fils de l'Homme ». **Et pour assurer l'identification de cette nouvelle nativité où apparaît « le Premier Homme », Camus donne à son personnage, Jacques Cormery, les initiales de Jésus-Christ**. Le lecteur pourra interpréter la nuit de la naissance de Camus comme « cette nuit chargée de signes et d'étoiles » dont parlait Meursault à la fin de *L'Étranger*. Celui-ci n'est pas plus Jacques Cormery qu'il n'est Jésus-Christ. Mais il est proche d'Albert Camus quand il se détourne de Dieu pour s'ouvrir à la « tendre indifférence du monde ».

Le silence de Dieu

~~MEURSAULT FORMERY~~
~~CAMUS~~

Conclusion
Le Midi de la pensée

Si Camus ne croit ni en Dieu ni en l'Histoire, il place toute sa confiance dans **l'ordre du monde**, une expression qu'il utilise à plusieurs reprises. C'est là un trait stoïcien et, plus généralement grec, dont il fait son miel quand il parle, après le « Grand Midi » de Nietzsche et le « Midi le juste » de Valéry, de la « Pensée de midi ». Il lui consacre la dernière partie de *L'Homme révolté* ainsi que, parmi d'autres textes, ces deux miniatures de poésie en prose que sont *Noces* et *L'Été*. Fidèle à Némésis qui interdit aux hommes de franchir les limites qui définissent toute chose, et le monde lui-même, Camus propose une **pensée de la mesure** qui trouve son modèle dans l'équilibre cosmique du ciel et de la terre, de l'ombre et du soleil, du jour et de la nuit, dans une série de balancements entre les forces antagonistes. **Telle est la justice cosmique qui diffuse les harmoniques de la Pensée de midi.** Elle trouve son origine dans la poésie et le mythe grecs, et surtout dans la tragédie antique dont

LE MIDI JUSTE

le thème constant est la « limite qu'il ne faut pas dépasser » (« Sur l'avenir de la tragédie », Athènes, 29 avril 1955). On s'est beaucoup moqué de Camus, à l'époque de ces textes, de la substitution de la pensée de la mesure à la science de la dialectique, comme on le critiquait de la substitution de la révolte affirmative à la révolution nihiliste. L'auteur de *L'Homme révolté* répondit que la mesure n'avait rien de la modération ou de la médiocrité bourgeoise, et que la dialectique grecque, chez Héraclite ou Platon, ne surmontait pas les contraires dans une synthèse factice, mais assurait l'équilibre de leurs tensions.

La Pensée de midi est une pensée de la polarité qui joue, entre les pôles contraires, de leur affirmation et de leur négation communes, ce qui revient, dans l'homme, à **balancer le refus par le consentement**. L'Europe, surtout dans ses guerres fratricides du XXe siècle, n'a pas su trouver l'équilibre entre ce que Camus, dès son premier ouvrage, nommait « oui et non » et « l'envers et l'endroit », ou, plus tardivement, « l'exil et le royaume ». Et c'est toujours le monde, qu'il soit naturel ou transformé par l'homme, du paysage à la ville, qui apprend à l'écrivain à joindre le refus de l'injustice au consentement à la beauté. Dans sa nouvelle « Le Désert » (*Noces*), Camus déclare que Florence et la Toscane lui ont appris qu'au cœur de sa « révolte » contre les injustices de l'histoire dormait un « consentement » à la beauté du monde. Il est bien sûr d'autres lieux où le consentement équilibre la révolte comme la lumière équilibre l'ombre : Alger, Djémila, Athènes ou Lourmarin, tous inscrits dans le monde méditerranéen, et surtout, bien entendu, Tipasa.

Dès ses premiers essais de journaliste à Alger, Camus avait chanté ce qu'il nommait avec lyrisme, « mer, soleil et femmes dans la lumière » (revue *Rivages*). Ces « biens essentiels et périssables » – notons le terme *périssables* qui ôte d'emblée tout crédit à l'éternité – concernaient un « être nourri de soleil et de mer » qui s'opposait frontalement aux « puissances d'abstraction et de mort ». On reconnaît la méfiance de Camus envers l'histoire et la dialectique. Aussi, dans ce même texte de 1938, trouve-t-on la première, et peut-être la meilleure illustration de la Pensée de midi : « **une pensée inspirée par les jeux du soleil et de la mer** ». Dans la première moitié du XXe siècle, alors que le monde intellectuel n'avait pas encore sacrifié à l'abstraction des structuralismes et de la philosophie analytique, ces lignes de Camus étaient déjà tout à fait incongrues. Quand un philosophe comme Sartre, encore ignorant de la raison dialectique, se risquait à parler de la nature, c'était pour décrire **la nausée que donnait à Roquentin la vue d'une racine de marronnier**. Et Sartre de parler dans *La Nausée*, en 1938, un an avant la parution de *Noces*, d'un monde de choses qui se réduisent pour lui à des « masses monstrueuses et molles, en désordre – nues, d'une effrayante et obscène nudité ». Là où Camus verra dans le jaillissement de la nature l'éclosion même du sens,

Conclusion

Sartre intellectualise son mal de vivre et qualifie d'« Absurdité », avec une majuscule, « ce long serpent mort » qu'est la racine de l'arbre. **Le monde pour lui n'est pas un bien essentiel et périssable ; il est l'obscénité même, et permanente, d'une vie qui mesure sa contingence à la démesure de sa nausée.**

La nausée, chez Sartre, est le signe du refus viscéral d'un monde privé de sens et livré au hasard ; la joie, chez Camus, est l'expression du consentement amoureux à un monde privé de Dieu où l'homme peut surmonter son exil. Le texte magistral où Camus livre le fond grec de la Pensée de midi est « L'exil d'Hélène » dans *L'Été*. L'auteur ne prend pas Ulysse comme symbole de l'exil de l'homme hors de sa terre natale, alors qu'il s'identifie à plusieurs reprises au roi d'Ithaque. Il choisit la reine de Sparte, Hélène, qui avait délaissé son mari pour suivre Pâris en Asie mineure, ce qui déclencha la guerre de Troie. **C'est donc une femme, la plus belle selon les dieux, qui incarnera paradoxalement la mesure grecque qui reste toujours liée, ce qui justifie le choix de Camus, à la démesure humaine**. Dans cet essai, Camus salue le « tragique solaire » de la Méditerranée que la rationalité déchaînée de l'Europe a oublié pour se livrer à la conquête de la totalité. En dépit de Némésis, **la raison scientifique et technique a violé les limites de l'homme et du monde pour sombrer dans la démesure**. Au lendemain de la seconde guerre mondiale, notre raison exclusive a fait le vide en nous et autour de nous de sorte que « nous achevons notre empire sur un désert ». Camus se souvient ici de la prophétie de Nietzsche sur le désert qui croît dans le monde moderne : « Malheur à celui qui recèle des déserts. »

De désert en désert, on ne trouve plus de paysages dans la littérature européenne, précise Camus en soulignant la perte d'un sens cosmique dont on trouverait de rares échos chez un Faulkner ou un Giono. Et la disparition du paysage, aurait pu ajouter Camus, a été le pendant de la disparition du visage dans la peinture abstraite. Tout se passe comme si l'Europe, et le monde qu'elle a entraîné avec elle, de l'Amérique au Japon, s'étaient livrés à une telle débauche de raison, et donc de déraison, qu'elle ne peut plus se passer de transgression éthique et artistique. « **L'exil d'Hélène** » **cherche à rétablir le royaume perdu**. Et ce retour d'exil tiendra en cinq stades qui sont autant d'étapes sur le chemin de la sagesse. « L'ignorance reconnue, le refus du fanatisme, les bornes du monde et de l'homme, le visage aimé, la beauté enfin, voici le camp où nous rejoindrons les Grecs. » À chacun de ces stades, l'homme fera l'approche de cette mesure grecque qui exalte l'ordre du monde, comme la beauté d'Hélène exalte l'ordre de l'amour.

Au rebours des ruines de l'Europe, Camus retourne à celles de Tipasa en 1952. **Il était venu visiter le village berbère en 1935 et s'était enivré des dieux**

du printemps et des odeurs d'absinthe. Le ciel d'un bleu profond vacillait au-dessus de lui et lui faisait découvrir pour la première fois une « vie à goût de pierre chaude ». À son retour sur l'un des lieux de sa jeunesse, après une journée de pluie diluvienne, il se replonge dans son passé et comprend que le premier amour conduit une vie d'homme à rechercher la même lumière. Cet essai est un hymne platonicien à la lumière dont plusieurs occurrences saisissent le lecteur avant de terminer sur un cri de joie qui est en même temps un cri tragique : « Ô lumière ! C'est le cri de tous les personnages placés, dans le drame antique, devant leur destin. » **Le cri est tragique, car, comme nous l'ont appris les Grecs, il n'y a pas de lumière sans ténèbres**. Œdipe, en résolvant l'énigme du Sphinx, avait commis l'irréparable envers ses parents et dut retourner à l'ombre en se crevant les yeux.

La tragédie est toujours démesure, mais elle n'accède à la grandeur qu'en créant sa propre mesure. Et cette mesure est toujours indissolublement pour Camus celle de l'art et de la pensée. Dans *Le Mythe de Sisyphe*, en 1942, Camus avançait que « penser, c'est avant tout vouloir créer un monde ». Il reprend cette idée dans *L'Homme révolté* en 1951 pour soutenir que « l'artiste refait le monde à son compte ». **Si Dieu n'a pas créé le monde, et si le monde existe de lui-même, il n'en appelle pas moins l'homme à mettre un point d'orgue à ses harmonies naturelles**.

Conclusion

Cet édifice prodigieux

Aristote disait que l'art imite la nature et parachève ce qu'elle n'a pu mener à bien. Camus souscrit à cette sentence et voit dans l'art le couronnement de cet édifice prodigieux qu'est le monde. **C'est dire que, faute de Dieu, c'est bien le monde qui a le premier et le dernier mot, de notre naissance à notre mort**. La conférence d'Upsal, en Suède, en décembre 1957, sur « L'artiste et son temps » est la plus belle illustration de la Pensée de midi et une sorte de testament de l'ontologie et de l'éthique de Camus. Il reste fasciné par l'envers et l'endroit des choses à défaut de croire en un arrière-monde qui doublerait ce monde-ci. Le monde est un, comme l'être des métaphysiciens, mais il se dérobe sans cesse à nous, même quand nous le saisissons par la plume, le ciseau ou le pinceau. Nous gardons toujours, lorsque le jour bascule dans la nuit, la nostalgie de l'unité :

« Le monde n'est rien et le monde est tout, voilà le double et inlassable cri de chaque artiste vrai, le cri qui le tient debout, les yeux toujours ouverts, et qui, de loin en loin, réveille pour nous au sein du monde endormi l'image fugitive et insistante d'une réalité que nous reconnaissons sans l'avoir jamais rencontrée. »

Mais avant de se confier à la lumière du Nord, après la remise du Nobel, l'écrivain avait livré l'aveu décisif qui inscrit la pensée méditerranéenne dans la lumière du Sud. Au midi de la pensée, sous le soleil éclatant d'Alger,

Conclusion

Camus avait choisi son Ithaque pour renouer avec son royaume et dissiper les malentendus de l'histoire. S'il est vrai que, « dans la lumière, le monde reste notre premier et notre dernier amour », le ciel et la terre nous font partager sa justice avec les autres hommes.

Bibliographie

Introduction : Le malentendu de la pensée

Camus (Albert), *Caligula*, suivi de *Le Malentendu*, Paris, Gallimard, coll. « Folio », 1972.

Valéry (Paul), « Le cimetière marin », *Charmes*, Paris, Gallimard, coll. « Poésie », 1983.

Chapitre premier : L'inquiétante étrangeté

« 1969. Lacan à Vincennes », *Magazine littéraire spécial Lacan*, n° 121, février 1977.

The Private Journals of Edvard Munch, University of Wisconsin, 2005.

Camus (Albert), « Carnets », in *Œuvres complètes II et IV*, Paris, Gallimard, coll. « La Pléiade », 2006 et 2008.

Deleuze (Gilles) et Guattari (Félix), *Qu'est-ce que la philosophie ?* Paris, Éditions de Minuit, 1991.

Chapitre II : Le double jeu de l'absurde

BAUDELAIRE (Charles), « Mon cœur mis à nu », in *Œuvres complètes*, Paris, Robert Laffont, coll. « Bouquins », 2011.

CAMUS (ALBERT), *L'Envers et l'Endroit*, in *Œuvres complètes I*, Paris, Gallimard, coll. « La Pléiade », 2006 ; *La Peste*, in *Œuvres complètes II*, Paris, Gallimard, coll. « La Pléiade », 2006.

DOSTOÏEVSKI (Fiodor), *Les Démons*, Paris, Le Livre de Poche, 2011.

HEIDEGGER (Martin), *Être et Temps*, Paris, Authentica, 1985.

PLOTIN, *Ennéades*, Paris, Flammarion, 2002-2008.

SPINOZA, *Éthique*, Paris, Gallimard, « Folio-Essais », 1994.

Chapitre III : La justification de la révolte

BROCHIER (Jean-Jacques), *Albert Camus, philosophe pour classes terminales*, Paris, Balland, 1979.

CAMUS (Albert), *Lettres à un ami allemand* (1943-1945), in *Œuvres complètes II*, Paris, Gallimard, coll. « La Pléiade », 2006.

CAMUS (Albert), KOESTLER (Arthur), BLOCH-MICHEL (Jean), *Réflexions sur la peine capitale*, Paris, Calmann-Lévy, 1957.

GIDE (André), *Le Prométhée mal enchaîné*, Paris, Gallimard, 1925.

SAINT PAUL, *Épître aux Corinthiens I*, XIII, 12.

Chapitre IV : La trahison de la révolution

ARISTOTE, *Éthique à Nicomaque*, traduction de J. Tricot, Paris, Vrin, 1972.

CAMUS (Albert), *Carnets V*, in *Œuvres complètes II*, Paris, Gallimard, coll. « La Pléiade », 2006.

CAMUS (Albert), « Les Amandiers » (1940), *L'Été*, in *Œuvres complètes III*, Paris, Gallimard, coll. « La Pléiade », 2008.

JEANSON (Francis), « Albert Camus ou l'âme révoltée », *Les Temps modernes*, n° 79, mai 1952.

MARX (Karl), *Manifeste du parti communiste*, Paris, Éditions sociales, 1966.

Chapitre V : Le drame de l'Algérie

CAMUS (Albert), « Manifeste des intellectuels d'Algérie », *Jeune Méditerranée* (1937), in *Œuvres complètes I*, Paris, Gallimard, coll. « La Pléiade », 2006.

CAMUS (Albert), « Misère de la Kabylie », « Crise en Algérie », « Algérie 1958 », « Lettre à un militant algérien », *Actuelles III*, in *Œuvres complètes IV*, Paris, Gallimard, La Pléiade, 2008.

CAMUS (Albert), « Lettre à Jean Sénac » (10 février 1957), *in* VALENSI (Jacqueline), *Réflexions sur le terrorisme*, Paris, Nicolas Philippe, 2002, pp. 173-176.

Chapitre VI : Le don de l'amour

BEAUVOIR (Simone de), *La Force des choses*, Paris, Gallimard, 1963.

CAMUS (Albert), *L'Envers et l'Endroit*, in *Œuvres complètes I*, Paris, Gallimard, coll. « La Pléiade », 2006.

CAMUS (Albert), *Les Justes*, in *Œuvres complètes III*, Paris, Gallimard, coll. « La Pléiade », 2008.

Chapitre VII : Le silence de Dieu

CLAUDEL (Paul), « Ma conversion », in *Œuvres en prose*, Paris, Gallimard, coll. « La Pléiade », 1965.

KANT (Emmanuel), *Fondements de la métaphysique des mœurs*, traduction de l'allemand de Victor Delbos revue par A. Philonenko, Paris, Vrin, 2004.

SAROCCHI (Jean), « Redevenir enfant », *in* MATTÉI (Jean-François), (sous la direction de), *Albert Camus et la pensée de midi*, Nice-Paris, Ovadia, 2008.

Conclusion : Le Midi de la pensée

ARISTOTE, *Physique*, livre II, chapitre VIII, traduction de P. Pellegrin, Paris, GF-Flammarion, 2000.

CAMUS (Albert), *Rivages. Revue de culture méditerranéenne* (1938) ; *Le Mythe de Sisyphe*, *Œuvres complètes I*, Paris, Gallimard, coll. « La Pléiade », 2006.

Bibliographie

Camus (Albert), « L'Exil d'Hélène » (1948), « Sur l'avenir de la tragédie » (29 avril 1955), in *Œuvres complètes III*, Paris, Gallimard, coll. « La Pléiade », 2008.

Mattéi (Jean-François), « La tendre indifférence du monde », *in* Mattéi (Jean-François), (sous la direction de), *Albert Camus et la pensée de midi*, Nice-Paris, Ovadia 2008 ; « *L'Étranger*, entre refus et consentement », *in* Mattéi (Jean-François), (sous la direction de), *Albert Camus. Du refus au consentement*, Paris, PUF, 2011.

Nietzsche (Frédéric), « Parmi les filles du désert », *Ainsi parlait Zarathoustra*, livre IV, traduction de l'allemand par Maurice Betz, Paris, Le Livre de Poche, 1966.

Sartre (Jean-Paul), *La Nausée*, Paris, Gallimard, 1938.

Table des matières

Introduction – Le malentendu de la pensée 7

I – L'inquiétante étrangeté 15

II – Le double jeu de l'absurde 29

III – La justification de la révolte 43

IV – La trahison de la révolution 57

V – Le drame de l'Algérie 71

VI – Le don de l'amour 85

VII – Le silence de Dieu 97

Conclusion – Le Midi de la pensée 109

Bibliographie 121

Achevé d'imprimer en janvier 2013 par EMD S.A.S. – 53110 Lassay-les-Châteaux
N° d'impression : 27701 – Dépôt légal : janvier 2013

Imprimé en France